本书得到国家社会科学基金重点项目
"坚持和发展新时代'枫桥经验'研究"(21AZD083)的资助

中国人民公安大学
法学文库

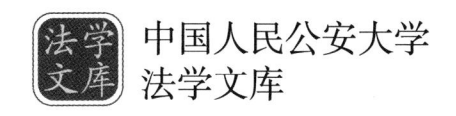

警察的法理

JINCHA DE FALI

化国宇 ◇ 著

中国政法大学出版社
2024·北京

声　　明	1. 版权所有，侵权必究。
	2. 如有缺页、倒装问题，由出版社负责退换。

图书在版编目（ＣＩＰ）数据

警察的法理/化国宇著. 北京：中国政法大学出版社，2024.4
ISBN 978-7-5764-1134-8

Ⅰ.①警… Ⅱ.①化… Ⅲ.①警察法－法的理论－研究－中国 Ⅳ.①D922.141

中国国家版本馆CIP数据核字(2023)第192701号

出 版 者	中国政法大学出版社
地　　址	北京市海淀区西土城路25号
邮寄地址	北京100088 信箱8034分箱　邮编100088
网　　址	http://www.cuplpress.com（网络实名：中国政法大学出版社）
电　　话	010-58908285(总编室) 58908433（编辑部）58908334(邮购部)
承　　印	固安华明印业有限公司
开　　本	880mm×1230mm　1/32
印　　张	6.625
字　　数	170千字
版　　次	2024年4月第1版
印　　次	2024年4月第1次印刷
定　　价	35.00元

目 录
Contents

- 001　第一章　警察法的源流和谱系
- 001　一、警察的概念
- 004　二、警察法的概念
- 005　三、中国古代"警察法"
- 017　四、近代警察法的发展（1840年~1949年）
- 029　五、中华人民共和国成立以来警察法的发展
- 034　第二章　警察制度历史一瞥：南京国民政府前期都市交通警政研究（1927年~1937年）
- 034　一、问题由来
- 036　二、国民政府都市交通警政溯源
- 039　三、都市交通警察的组织的完善
- 048　四、都市交通管理体制
- 053　五、交通法规的制定
- 055　六、南京国民政府时期交通警政发展的原因
- 061　七、结语
- 063　第三章　警察法治教育
- 063　一、公安院校法学教育的特色与目标
- 068　二、公安院校警察法学专业的课程设置
- 075　三、公安院校法学教育的特色教学范式与教学方法

082	四、警察的法律人素养教育
097	五、警察人权法治教育与培训
110	第四章 警察与环境执法：我国环境警察权研究
111	一、环境警察权的来源
114	二、环境警察权的主体
116	三、环境警察权的运行
119	四、环境警察权的对象
126	五、环境警察权的保障
130	第五章 警察与强制：警察介入精神病人行政强制医疗研究
131	一、公安机关介入精神病人行政强制医疗的法理依据
133	二、在场与退场：公安机关介入的两难
139	三、《精神卫生法》规定的公安机关介入职权及其限度的法教义学分析
147	四、《精神卫生法》未规定之情形：公安机关介入的职权及其限度
152	第六章 警察与网络空间安全：涉恐怖主义网络谣言的法律治理
153	一、涉恐怖主义网络谣言辨析
154	二、涉恐网络谣言的生成传播机理
161	三、从上述原因分析我国对涉恐网络谣言法律治理的不足
166	四、涉恐网络谣言治理路径的完善
175	第七章 警察法治与社会治理
175	一、冤案是怎样铸成的——《迟到的正义——影响中国司法的十大冤案》介评
179	二、论反恐立法的系统构建

184	三、新时代法治公安建设——锻造具有法治使命担当的高素质过硬公安铁军
187	四、完善人民警察标志体系助推人民警察荣誉制度法治化
190	五、政府如何破解突发公共事件谣言
193	六、完善问责机制遏制突发公共事件谣言
195	七、疫情防控高度考验国家认证能力
198	八、运用法治思维和法治方式推进新时代公安信访工作
202	后　记

第一章 警察法的源流和谱系

一、警察的概念

对警察法进行界定，首先应对"警察"进行界定。"警察"作为一个现代法律概念出现较晚。

从词源上来看，英语中的"police"最初起源于希腊语中的"πόλις"，意为"城邦"。接着又衍生出了"πολιτεία"，即"公民权、行政和公民社会"的概念。"πολιτεία"一词在拉丁文中表述为"politia"（或"politeia"），继而转变为中世纪法语中的"police"一词，并且开始具有了"公共秩序、行政和治理"的内涵。15世纪初期，英语中引入了法语"police"一词，用来指代"公共政策、国家和公共秩序"。而"警察"作为一个专门术语用于指代现代意义上的专业化的执法群体，则最早出现于19世纪初期的英国。1829年，时任英国内政大臣的罗伯特·比尔创建了伦敦大都市警察，并且使用"police"一词来指代这一群体，实现了警察与军队，警察与其他执法机关和司法机关的整体分离，因而成为现代警察制度的起源。

汉语中使用的"警察"一词，是从日语汉字中直接借用的。日本明治时期，根据欧洲警察的职能，取日语汉字中"警邏"（意为巡逻）和"警戒"（意为防范、谨慎）的"警"，以及"查察"（意为监察、检查）的"察"组成了合成词"警察"。"警察"一词大约在19世纪80年代传入中国，如1881年佚名《日本杂记》："日本城市各处皆设有巡捕房名曰警察署。"1889年傅云龙《游历日本图经》卷十四:"防海费第三:……难破船海员取□,一八〇八;舶,六一二;警察,一二五〇二五二;官地偿丈量,八一二四;外国人居取缔,八一七六九。"[1]

警察因清末筹备立宪作为新政开始试办。清光绪二十八年(1902年)京师裁撤五城司坊各署,创立工巡总局,采外洋巡警之制,尽用警官、警兵分段站岗,以代兵役。[2]同年,直隶总督袁世凯经奏准后在天津试办巡警局。清光绪三十一年(1905年),清廷正式设立中央警察机关,称巡警部。1907年地方官制改革,各省增设巡警道,负责全省警政事务,警察体系基本确立。[3]

而抛却概念,单从警察职能或者警察行为角度来考察,则各国"警察"都可追溯到较早的历史时期。[4]在古希腊,雅典的公有奴隶就曾承担类似警察维护治安的职能,例如在公众集会时维持秩序和控制人群,还协助处理犯罪分子与囚犯以及实施逮捕。[5]古罗马奥古斯都统治时期,出现了承担消防、守夜以及缉捕盗贼强盗和捕捉逃亡奴隶职责的"守夜人"(vigiles)。曾经有学者主张我国警察的起源可以追溯到尧舜时代。[6]也有学者指出警察是随着国家产生

---

[1] 黄河清编著:《近现代辞源》,上海辞书出版社2010年版。

[2] 参见中国历史大辞典编纂委员会编纂:《中国历史大辞典》(下卷),上海辞书出版社2000年版,第3277页。

[3] 参见陈光中主编:《中华法学大辞典:诉讼法学卷》,中国检察出版社1995年版,第295页。

[4] 有学者反驳我国清以前历代虽然都有警察职能的存在,但因实行军警合一体制,一直没有形成单独的警察体系,对行使警察职能的人员也没有定称。清末始有巡捕、巡警、侦探等称谓,民国初年统称警察。参见陈光中主编:《中华法学大辞典:诉讼法学卷》,中国检察出版社1995年版,第295页。

[5] See Virginia Hunter, *Policing Athens: Social Control in the Attic Lawsuits, 420-320 B. C.*, Princeton University Press. 1994, p. 3.

[6] 参见张天录:"警察的来历",载《河北法学》1983年第1期。

而产生的,因此中国警察萌芽于夏。[1]

由此,"警察"一词既可以理解为一类机构及其人员,也可以理解为一种职能或者行为。因而学界关于"警察"的界定不一而足。但是大体上可以分为"主体说""功能(行为)说""综合说"。

"主体说"一般将"警察"视为某一类主体。例如,澳斯著姆在《大都市警务模式》中把警察看作是那些有"特别逮捕权"并从事巡逻、犯罪调查和交通管理等直接警察服务的任何公共官员。《法学词典》中的警察定义是:"警察是武装性质的维持社会秩序的国家工作人员,阶级统治的重要工具。"《辞海》把警察界定为维护社会秩序而设置的武装性质的国家治安力量,也指构成这一力量的人员。

"功能说"或"行为说"则把警察界定为某一类功能或行为。例如,日本学者美浓部达吉认为:"警察者,以维护社会安全、保全公共利益为直接目的,基于国家一般统治权,命令或强制人民之作用也。"[2]民国学者范扬在其著作《警察行政法》一书中认为:"警察云者,不外以维持社会公共秩序为目的,依一般统治权而限制人民自由之作用也。"[3]

"综合说"即把以上两类学说加以综合。如唐大民主编的《公安学基础理论教程》将警察定义为:"作为社会力量的一种,警察指履行警察职能的警察机关及其警察人员;作为一种社会功能,警察指警察作用,即警察是依照法律的强制手段维护社会公共秩序、社会性安全的行政作用;作为一种社会行为,警察指警察行为。即警察是基于国家统治权,依法防止公共危害,维护社会安宁,指导

---

[1] 参见郑中午:"警史源流试探(一)",载《公安大学学报(社会科学版)》1998年第3期。
[2] 安政:《中国警察制度研究》,中国检察出版社2009年版,第5~6页。
[3] 范扬:《警察行政法》,商务印书馆1940年版,第1页。

大众生活并协助多种国家行政的行政行为。"

二、警察法的概念

"警察法"与"警察"概念一样，该如何界定，学界仍有争议。就我国而言，总体上有三种界定理论，即涉警察主体的法、涉警察功能的法和涉警察关系的法。

第一种理论主要是从警察主体出发界定警察法。认为警察法是明确以警察为主体及执法主体的法律法规。这是对警察法严格意义上的理解。根据徐武生的研究，这类警察法可以分为两类：第一类是专门性的法律法规。如我国的《中华人民共和国人民警察法》（以下简称《人民警察法》）、《中华人民共和国人民武装警察法》、《公安机关组织管理条例》、《中华人民共和国治安管理处罚法》（以下简称《治安管理处罚法》）等。这类法律法规除个别法律如《中华人民共和国监狱法》外，总体上属于行政法和宪法相关法的范畴。第二类虽非专门性的法律法规，但其中却有关于警察及其职责的专门规定。这类法律法规中，警察虽并非其规定的唯一的执法主体，却是重要的主体之一。如我国的《中华人民共和国刑事诉讼法》（以下简称《刑事诉讼法》）、《中华人民共和国国家赔偿法》、《中华人民共和国反洗钱法》、《中华人民共和国预防未成年人犯罪法》等。这类法律法规在我国社会主义法律体系中横跨众多法律部门，分别属于诉讼法、行政法、经济法及社会法的范畴。[1]同时有学者主张，这里的"警察"仅仅指的是代表国家行使警察权、对内履行人民民主专政职能，维护国家安全和社会秩序的公安机关和人员，[2]不包括国家安全机关、监狱的人民警察和人民法院、人民检察院的司法警察。

---

〔1〕 参见徐武生："警察法是警察所要适用的法"，载《人民公安报》2012年第3版。

〔2〕 参见中国警察学会编著：《中国警察法学》，群众出版社2001年版，第32页。

第二种理论则主要从警察功能出发界定警察法。狭义的界定认为，警察机关是国家行政机关，警察法约束的主体主要是行政主体，调整手段也以行政手段居多。因而警察法是调整警察机关在治安管理过程中发生的行政法律关系的法律规范的总和。[1]广义上的界定则将调整警察刑事法律关系的法律规范与调整警察行政法律关系的法律法规一道，都纳入到警察法的范畴中来。

第三种理论从警察关系的角度对警察法进行界定。当然对于何为警察关系有不同的表述。一种观点认为警察法是调整国家警察机关及其人民警察在行使警察权过程中所发生的社会关系的法律规范的总和。[2]也有观点认为警察法是调整警察机关与警察相对人之间关系的法律规范之总和[3]，即认为警察关系是警察机关与警察相对人之间关系。还有学者从概念表述的周延性考虑，使用了较为复杂的表述，认为警察法是"调整警察机关代表国家行使警察权力，维护国家安全和社会治安秩序、保护公民、组织权益和公共财产、预防制止与惩治违法犯罪活动过程中发生的警察关系的法律规范的总称"[4]。

三、中国古代"警察法"

现代警察制度虽然为近代西方之产物，但是就上述警察法的各类界定而言，在中国古代很早就存在执行警察职能的法律制度。只不过由于古代并非事事都立法，警察制度的存在可视为一种"事实法"的状态。清末以前的警察制度的产生与发展构成了中国近现代警察法的滥觞。

---

[1] 参见李震山：《警察行政法论——自由与秩序之折中》，元照出版有限公司2007年版，第9页。
[2] 参见徐发科：《中国警察法论》，湖南出版社1997年版，第28页。
[3] 参见陈晋胜：《警察法学概论》，高等教育出版社2002年版，第6页。
[4] 孟昭阳："警察法的界定及地位"，载《中国人民公安大学学报（社会科学版）》2007年第5期。

警察的法理

警察职能是随着阶级和国家的出现而产生的，正如列宁所指出的，"国家是阶级矛盾不可调和的产物，是一个阶级压迫另一个阶级的工具，构成国家实质的东西是武装部队、监狱及其他强迫人意志服从的暴力手段"[1]。根据地下文物的发掘考证，在夏朝就已经形成了相对统一的国家形态。为了维护国内正常的统治秩序，夏的统治者制定了惩罚犯罪的《禹刑》，所谓"夏有乱政，而作禹刑"[2]。《禹刑》的性质相当于现代的刑法典，里面规定了昏、墨、贼等罪名。[3]《左传》有云："《夏书》曰：'昏、墨、贼，杀。'皋陶之刑也。请从之。"[4]除了昏、墨、贼需要判处死刑之外，根据记载，夏朝的刑罚非常多。《唐律疏义》引《尚书大传》说："夏刑三千条。"《隋志》亦说："夏后氏正刑有五，科条三千。"《周礼·司刑》注："夏刑大辟二百，膑辟三百，宫辟五百，劓墨各千。"以上均说及夏刑有三千条。有刑罚就必然有执行逮捕和行刑的武装力量。《尚书·甘誓》记载夏启与有扈氏之战："大战于甘，乃召六卿。"所谓六卿，指的是"后稷、司徒、秩宗、司马、士、共工也。"[5]其中司徒负责处理民政事务，调处民间纠纷；司马，掌管都城和边境治安；士，属于司法官，同时负责刑事犯罪的处罚。[6]以上三类官职均不同程度的负有警察职责，他们可以看作是比较原始的警察形态。

在商朝，根据甲骨文的记载，设置"卫""亚""射""多马""多亚""多射"等官职。其中马、亚可能是统帅马、步兵进行征伐的武官。射、多射可能是弓箭手或商王亲卫军的首领。[7]这些官职

---

[1]《列宁选集》（第四卷），人民出版社1972年版，第45页。

[2]《左传·昭公六年》。

[3]"昏"，自己做个坏事而窃取他人的美名；"墨"，贪得无厌、败坏官纪；贼，肆无忌惮地杀人，这三种罪都要处以死刑。

[4]《左传·昭公十四年》。

[5] 参见《尚书大传·夏书》。

[6] 参见周章琪："夏、商、周时期的警察"，载《湖北警官学院学报》2005年第4期。

[7] 参见蒲坚：《中国古代行政立法》，北京大学出版社1990年版，第19页。

除了对外履行国防和军事职能之外,还履行着镇压奴隶暴动等维护国内社会秩序的警察职能。此外,《尚书·酒诰》中记载有"百姓、里居","百姓"是地方的豪族,"里居"是地方的基层官吏,他们都分担着维护地方治安的功能。当时也出现了拘押犯罪者的监狱"圜土"和束缚犯罪者的械具。

至西周,开始设立了户籍制度以及相应的官职。"司民掌登万民之数。自生齿以上,皆书于版。辨其中国,与其都鄙,及其郊野,异其男女,岁登下其死生。"[1]司民官对于生齿(男孩满8个月,女孩满7个月)以上的人丁都要统计,并登记入册。士师和司民同为司寇的属官,承担刑事案件的审讯职能。司寇同样承担部分警察职能,其职责是驱捕盗贼和据法诛戮大臣等。此外,据《周礼》记载,周还设宫正掌王宫之戒令、纠禁,负责皇宫的警卫工作;司徒主管征发徒役,兼管田地耕作与其他劳役的治安、秩序;设司稽"掌巡市而察其犯禁者,与其不物者,而搏之。掌执市之盗贼,以徇且刑之",以维护市场秩序;设司暴,镇压暴乱,维护社会治安;设司烜氏执掌取火、防火,担负消防职能;设掌囚、掌戮负责徒刑、肉刑和死刑等刑罚的执行;等等。

春秋、战国时期,在各国中央一级,春秋的齐国设士,卫国设大士,而后战国时齐设士师,都是刑政之官,其中重要的职能就是刑事审讯。据《左传》和铜器铭文所记,春秋时,周王室和鲁、宋、晋、齐、郑、卫、虞等国都仍然置有驱捕盗贼、维护治安的司寇之官。其时地方已经普遍实行郡县制,县一级均设有县尉,是维护地方治安的军事长官。秦国在地方还设置了令史一职,根据《封诊式》的记载,令史主要负责刑民事案件的调查、勘验、审讯以及制作爰书(笔录),是重要的地方司法官。[2]徒刑劳役的执行和监管则由县司空负责。县以下,设乡、里。乡一级设游徼,负责抓捕

---

[1] 《周礼·秋官·司民》。
[2] 参见蒲坚:《中国古代行政立法》,北京大学出版社1990年版,第82页。

乡间盗贼。里一级设里正，主管户口和纳税；设伍老，以监视伍人。战国时期李悝制定了中国历史上第一部比较系统的成文法典《法经》，《法经》的主要内容有六篇：《盗法》《贼法》《网法》《捕法》《杂法》《具法》。其中，《盗法》是惩罚侵犯财产犯罪的法律；《贼法》是惩罚侵犯人身犯罪的法律；《网法》又称为《囚法》，是关于囚禁和审判罪犯的法律；《捕法》是关于追捕各种犯罪者的法律；《杂法》则是内容庞杂的拾遗补阙之法。《杂法》规定了"六禁"：淫禁、狡禁、城禁、嬉禁、徒禁、金禁，另外还有关于惩罚僭越的规定。淫禁：惩罚奸淫行为的规定。狡禁：惩罚狡诈行为的规定：如盗窃官符，官印等。城禁：惩罚偷越城墙的规定。嬉禁：惩罚赌博行为的规定。徒禁：关于惩罚集聚行为的规定。金禁：惩罚受贿行为的法律。《具法》是关于定罪量刑的通例和原则的法律，相当于现代刑法典的总则。

秦统一六国后，其主要任务由对外征伐转变为对内维稳。为加强中央集权，维护统治秩序，因而加强了警察职能。（1）刑罚方面，秦统治者奉行严刑峻法，刑罚种类繁多，刑名杂滥，且十分严苛。有死刑、肉刑、作刑、赎刑和迁刑，等等。仅死刑因行刑方式的不同就区分为磔、车裂、腰斩、枭、弃市、戮、定杀，因死刑的扩大而有族诛（夷三族）。[1]（2）官职设置方面，承担警察职能的官职进一步细化：中央一级设郎中令，除负责礼宾事宜之外，其一项重要职能就是统领禁卫军，负责皇宫警卫；设卫尉，负责皇宫岗哨门禁；设中尉，负责京师治安、兼管消防，是京城的卫戍长官；设将作少府，掌管公共建筑事务，属官有左、右、前、后、中五校，负责监管囚徒劳动改造；詹事，统领太子宫臣，其属官卫率，负责太子安全警卫。地方郡县设郡尉，掌郡驻军，主管治安、侦缉盗贼；设县尉，掌治安、捕盗之事，但不掌握兵权；设令史，主要负责刑

---

[1] 参见黄展岳："云梦秦律简论"，载《考古学报》1980年第1期。

民事案件的调查、勘验、审讯以及制作爰书;设狱掾,即典狱长;设文无害,长官监狱巡查,复审案卷,以防止冤狱发生;狱吏,即地方监狱的狱警。县以下有乡,乡设三老、有秩、啬夫、游徼。三老负责教化和民事纠纷调解。有秩设于大乡,啬夫设于小乡,分别负责赋税、诉讼和调解纠纷。游徼负责掌巡视治安、缉捕盗贼。乡下有里,是最基层的行政单位。里设里典,后代称里正、里魁。里典的职能相当广泛,需督促农民按时服徭役,参与户口管理,并且有权捆绑犯罪嫌疑人送交县都官长或县啬夫审处。如果本里之内有案件发生,需要协助县令史制作询问笔录,包括被告人的身份、籍贯、曾否犯罪判刑、有否经过赦免等信息。涉及需要查封的案件,需要协助"封守",即查封财产、看守犯罪人家属,并将查封物品制作笔录上报县里。同时里典对于本里的治安要严加防范,发生凶杀案时若里典不能及时发现并追捕,需要负连带责任。此外还有司治安、禁盗贼的专门机构,叫作亭,亭有亭长。两亭相距大约 10 里。(3) 刑事侦查方面,秦政府制定了《封诊式》("治狱程式")供主管侦缉的官吏熟记,并参照执行。其中"封"是指查封;"诊"是指侦查、勘验、检验;"式"是指格式、程式,是秦朝的一种法律形式。因此,《封诊式》实际上就是关于案件的调查、勘验、审讯、查封等方面的规定和案例。[1]尽管该法规定了侦查讯问程序,要求侦缉人员做好记录,不要拷打逼供,但是在实际审讯过程中进行刑讯逼供是常有的事。同时,秦律对于"捕亡"亦有规定。对于现行犯、潜逃犯、越狱犯、隐匿犯等,凡县丞以上官吏乃至民众均有义务参与捕盗。对于捕获盗贼的普通民众给予奖励,放纵、隐匿罪犯的人,以及捕盗玩忽职守、执行不力的官吏则给予惩戒。这一切均有利于捕亡、侦缉、防盗等执法活动。[2](4) 户籍管理方面,"令民为什伍,而相纠司连坐","四境之内,丈夫女子皆有名于上,

---

[1] 参见睡虎地秦简《封诊式》。
[2] 参见陈鸿彝:《中华法治史话》,群众出版社 2013 年版,第 204 页。

生者著,死者削"。根据秦简《傅律》的规定,百姓在户口簿上要登记姓名、年龄、身体状况(残废、疾病)等,由里典审核。若所报不实,除本户受罚外,同伍四邻及里典也连带受罚。若某户迁徙,则还需办理"更籍"手续。完备的户籍制度,不仅成为征税、劳役、兵役的依据,而且发挥了治安联防的作用,使得奸、诈、盗、亡无处躲藏。

汉承秦制,又有所损益。汉高祖刘邦攻占秦都咸阳时曾"约法三章":"杀人者死,伤人及盗抵罪,余悉除去秦法。"其目的在于维护咸阳城的治安,以获取民心。程树德《九朝律考·汉律考序》云:"汉萧何作《九章律》,益以叔孙通《傍章》十八篇及张汤《越宫律》二十七篇,赵禹《朝律》六篇,合六十篇,是为《汉律》。"其中,律、令凡三百五十九章,大辟(死刑)四百零九条,一千八百八十二事,死罪决事一万三千四百七十二事。[1]其中,《越宫律》是宫廷警卫方面的专门法律,以维护皇帝的尊严和保护皇帝的人身安全。《九章律》中的盗律、贼律、囚律、捕律、杂律、具律均为刑事法律制度,《户律》规定的是户籍制度。汉朝丞相之下,设有专司刑事案件的决曹,以及主管捕盗贼事的贼曹。太尉主掌内外兵权,以维护国内外大局稳定。承担监察职能的御史大夫下设侍御史,主要职能是查举非法,弹劾官吏,但也有一定的警察职能,如率兵围捕盗贼,《史记》中有关于侍御史"使督盗贼关东"的记载。[2]汉沿袭了秦朝郎中令一职,负责皇宫门禁及皇帝出巡时的警卫工作。汉循秦制设立卫尉,负责宫城巡逻警卫,设立廷尉,执掌司法。汉代的中尉也类似秦代,主要职责是"掌徼循京师"[3],即巡查追捕京城附近盗贼;"宫内外戒司非常水火之事"[4],即防范水火灾害,

---

[1] 参见《汉书·刑法志》。
[2] 参见《史记·酷吏列传》。
[3] 《汉书·百官公卿表》。
[4] 《后汉书·百官志四》。

并有"击柝、击刁斗、传五夜"的报更制度;"及主兵器"[1],即管理警备器械。中尉同时还履行宵禁的权责。其麾下"缇骑"则是皇帝出巡的仪仗队。在地方,由郡尉、县尉负责征兵、训练和镇压人民反抗活动,贼曹主要负责缉捕盗贼,保一方平安。乡里仍仿效秦制,设三老、有秩、啬夫、游徼、里典、亭长。户籍管理方面,汉朝中央政府设户曹主管全国户籍。户籍登记要求更为详细严格,必须"具署郡、县、里、名、姓、年、长、物色"以及健康、职业、爵位、财产状况等。[2]仍然要求啬夫、里典等基层治安官负责上报,对于隐匿户口信息的行为国家将进行处罚。

魏晋南北朝时期社会比较动荡,为了维护统治秩序,相继制定了一批刑名律法,其中包括《新律》《泰始律》《北齐律》《大诰》等。在法典编纂技术提升的基础上,涉及警察事项的法律部门如《贼律》《盗律》《捕律》《囚律》《户律》等仍然保留在法典中,而且宵禁、击鼓报警、戒严等警察制度被创设且常常被采用。这一时期,担负警察职能的行政机构:中央设尚书省,主管全国法治,其属官左、右仆射,分掌皇帝殿内和出行安全,以及全国各地"灾异贼发众变"等非常事件的预防和平息;光禄勋(秦汉时期郎中令,魏黄初元年改称),担任皇帝的随身警卫队;卫尉,统领宫中巡查纠察及宫城门禁;三国时由执金吾负责宫外的京城巡查,晋、南朝则在都城分设"六部尉"分区划片管理京城,北朝还在京师特设"径途尉",主要负责街道的管理和巡查。在地方郡守、县令等地方长官兼掌守备与治安,但会由郡都尉、县尉作为"主盗贼、案察奸宄"的治安直接负责人;户曹主管地方户籍;法曹主管司法;贼曹主盗贼事;狱丞主管监狱事务;关令(关丞)、市长(市丞)分别管理关隘和市场秩序。北魏基层设立"三长制",即五家为邻,五邻为里,五里为党,分设邻长、里长、党长,基本职责是维护治安、检

---

[1]《后汉书·百官志四》。
[2] 参见蒲坚:《中国古代行政立法》,北京大学出版社1990年版,第170页。

查户口、征收租调，征发徭役和兵役。[1]在城区，则设置有亭长，其任务是监视行人，禁备盗贼，维护街区秩序。

隋、唐两代相继制定了《开皇律》《武德律》《贞观律》《永徽律》等具有代表性的成文法典。以最为著名的《永徽律疏》为例，共分为十二篇，其中的《卫禁律》（有关皇宫禁卫安全）、《户婚律》（有关户籍制度）、《厩库律》（有关马匹养护、公物维护）、《贼盗律》（有关贼、盗等刑事犯罪）、《斗讼律》（关于斗殴、杀伤、诬告、教唆诉讼、违反诉讼程序等刑事犯罪）、《诈伪律》（关于诈欺和伪造等刑事犯罪）、《杂律》（其他刑事犯罪，包括危害治安的犯罪）、《捕亡律》（关于追捕逃亡）、《断狱律》（关于审讯、判决、囚禁、执行）等九篇属于或部分属于警察和刑事立法。因此，唐代的警察法已经发展到了一个新的高度。唐律中一些具体的警察制度：（1）宫殿、武库等要害场所的警卫禁察规定，严禁百姓阑入；（2）严格的户籍管理的规定，严禁脱漏户口；（3）入夜后实施宵禁，禁止夜行与夜间用火；（4）街道治安管理制度，禁止赌博、擅闯民宅、占道经营、乱倒垃圾、斗殴吵闹、向街道投掷瓦砾、在街市制造混乱等；（5）消防管理的法规，规定了火灾的预防和处置，并要求平民在发现火灾时及时报告和扑救；（6）交通管理法规，严格驿站管理、规范公务交通工具使用，在街巷和人多的场所禁止车马疾行，还有船运不得宰客、超载等规定。在国家机构设置方面，隋、唐确立了"三省六部"的中央行政体制。六部之中，户籍事项主要由户部管理，但中央层面主要是掌握户口整体数量，详细的户口簿册仍然由各地方的户曹、司户掌握，而更为基层的里正、村正则负责具体的户口统计、登录和造册；刑部下设司门司，掌天下诸门及关口出入，承担部分边防职能，着重检查行人，防备"寇盗奸诈"。同时中央设立九寺，作为掌管行政事务的具体机构。其中有太常寺分管礼乐、

---

[1] 参见蒲坚：《中国古代行政立法》，北京大学出版社1990年版，第231页。

祭祀，其下诸陵署负责皇陵警卫工作；卫尉寺，负责武器管理和守备；大理寺为全国最高审判机关，同时掌管大理寺监狱，设狱丞四人，掌率狱吏、狱政；等等。此外，皇城还设置有负责警卫工作的十六卫：左右金吾卫负责宫中和京城的昼夜巡警，"以执御非违"；左右街使，负责城区主干街道的巡视任务；左右监门卫掌管宫城、皇城诸门禁卫和门籍，参与诸门值勤工作的还有左右卫、左右骁卫；左右千牛卫负责宫殿侍卫和供御仪仗。[1]在地方，户曹主管地方户籍，法曹主管刑法，典狱主管监狱事务，里正、村正、伍保，皆有协助政府纠举犯罪，缉捕盗贼的责任。

宋朝制定的《宋建隆重详定刑统》，是一部刑事法律的统编，其中很大一部分都可以归入刑事法和警察法的范畴。而且宋延续了唐的一些治安法规，如禁止强买强卖，禁止"在人众中走车马""不得在市众中故相惊扰""不得私入人家""仓库内不得燃火"，乘船不能在中途索要摆渡钱，不能在特定时期焚烧田野，对危险违禁品（主要是武器）进行管制等。机构设置方面，户部仍然掌管户政；兵部负责兵卫、仪仗、舆马、器械之政；刑部掌管刑狱之政，刑部下设的都官司，掌管徒流、配隶的执行，而司门司则"掌门关、津梁、道路之禁令"；卫尉寺是负责"仪卫兵械、甲胄"的机关；皇城司是直属于皇帝的近卫组织兼秘密警察，负责管理京师各门门禁以及各政府部门的内部保卫、内部侦缉以及情报活动。宋代枢密院的设置是一大特色。枢密院为全国最高军政机关。在军、警不分的体制之下，其中部分涉及警察职能，如警备、边防等。枢密院还统领禁军和全国巡检。巡检是独立于地方行政的垂直管理的武装力量，类似于专职警察。其设置地域范围十分广泛，包括水上、边防、海防、要塞、驿道、都会，负责的职能范围包括巡逻、捕盗、缉私乃至消防。宋代在地方各路设置提点刑狱司，除了监察地方官

---

[1] 参见郭绍林："唐代京师长安的治安问题"，载《人文杂志》1994年第3期。

吏之外，主要负责督察、审核所辖州县官府审理、上报的案件，并负责审问州县官府的囚犯，对地方官判案拖延时日、不能如期捕获盗犯的渎职行为进行弹劾。[1]此外，维持地方社会的治安也是宋代"提刑官"的重要职责。这包括剿除、捕获盗贼以及镇压农民起义。在大都会，采取新的分厢治理的治安管理体制，由厢公事所负责城市街道治安，厢下设置若干军巡铺（警亭），分片管理，负责防火、灭火、交通管理等。在地方州一级，一般由巡检负责维持地方治安，司法参军或司理（寇）参军掌管司法、刑狱；在县，由县令掌管，由县尉具体负责捕盗、狱政，后来又在重要的州县设置巡检，以弥补县里警卫人手不足。狱政方面，宋代的监狱设置比较繁杂，中央设置有御史台狱、大理寺狱，京畿设有开封府狱（南宋为临安府狱）、皇城司狱、殿前马步军司狱等，地方的州有监狱，还有"诸州军院、司理院，下至诸县皆有狱"[2]。而具体执行监狱管理的人员又有门子、狱子、杖直、押狱、节级等。[3]

辽、金、元在警察法方面有了进一步创新，最有特色的莫过于警巡院制度。警巡院由辽国首创，分设于"五京"（上京、中京、东京、西京、南京），设警巡使与警巡副使各一名。"京城狱讼填委，人望（莅任）处决，无一冤者。会检括户口，未两旬而毕。"[4]由此可知辽国警巡院的职责主要在于治理刑狱、维护治安和检查户口。金国在"六京"分别设立六个警巡院，他们"掌平狱讼，警察别部"，并"掌平物价，度量权衡"，还要"警巡稽失"。元代京师的治安，也是继承了辽、金的体制，由警巡院负责。元大都治安任务繁重，特设左、右两个警巡院。警巡院的立法架构，已经初步具备了大都

---

[1] 参见《宋史·职官志七》。
[2] 《宋史·刑法志》。
[3] 参见戴建国："宋代的狱政制度"，载《上海师范大学学报（哲学社会科学版）》1987年第3期。
[4] 《辽史·马人望传》。

市警察的属性，其在中国警察法制形成和发展的历史上具有十分重要的意义。此外，元代还在大都设立"大都路兵马都指挥使司"，负责京城盗贼奸伪的缉捕，同时掌管囚徒、狱政；设立"大都城门卫"专司京师城门锁钥；在京郊、地方，元代仍以县尉维持地方治安。元代还出现了"警迹人"制度，所谓警迹人，即需要被重点管控的人，是对轻微犯罪以及刑满释放后仍需监管的对象实施的一种管控制度，通常以5年为限，"令村坊常切检察。遇出处经宿，或移他所，报邻右知"。这种制度带有一定的现代社区矫正的色彩。元代对特定行业尤其是旅馆业进行严格管制，要求旅馆应当配置弓手，防止治安案件发生，同时来往旅客投宿需要出示县里开具的记载有身份信息和出行目的介绍信，即"文引"，而且店家也必须如实予以登记。

明朝承袭《大元圣政国朝典章》，制定了《大明律》。其中的户律、刑律涉及警察职能的规定。而由朱元璋亲自制定的《明大诰》则是纯粹的刑律，带有鲜明的重刑主义特征。在中央，刑部统摄刑名案件，户部管理全国户籍，兵部主管国内军事力量；在京师，设置五城兵马指挥司，统管京城治安，其职能范围包括"巡捕盗贼、街道、沟渠、囚犯、火禁之事"[1]。在地方，省一级由提刑按察使司和都指挥使司分掌司法和军事，互相配合共同行使侦查、逮捕和维护治安等警察职能；县一级则由典史辅佐知县，掌管缉捕和监狱；与历代王朝一样，基层也设置了坊、乡里、社等严密的治安、自治组织。户籍管理方面，明代实行户帖制，即制作户口册。户口册上登记姓名、性别、年龄、产业、居址，以此作为征收赋役、维护治安的重要依据。明朝最为后世所诟病的是厂卫特务机构的设立，这种秘密警察制度反而体现了封建制度的衰弱。所谓厂卫特务机关包括两大系统，一是厂，包括东、西、内行三厂；二是卫，指的是锦

---

[1]《渊鉴类涵》（卷一百七）。

■ 警察的法理

衣卫。厂和卫手中都掌握着刑事司法权。厂主要管辖臣、民的政治犯罪，如谋逆、妖言、大奸恶等。锦衣卫设立之初是负责皇帝安全的保卫机关，后来逐渐掌握缉捕和刑狱之权。锦衣卫下设的南北镇抚司，专掌诏狱，其下皆设有监狱，称为镇抚司狱。厂卫均可不经司法机关，直接奉诏受理词状，侦缉、逮捕吏民，动用刑讯。由以上可知，明朝政府在强化警察法方面具有明显的维护封建阶级统治的意图。

　　清朝沿袭前朝旧制，仍设六部。刑部掌刑名，户部掌户籍，兵部理军（警）政。刑部下设的督捕司，是专门负责捉拿逃犯的侦捕机关；下设提牢厅，掌管狱政。兵部所属的职方清吏司，清初年原设有巡捕三营，负责京城保卫。之后中央设提督九门步军统领掌管巡捕三营，清乾隆时期增为巡捕五营，成为拱卫京师的主要警备力量，执掌京城守卫、稽查、门禁、巡夜、救火、禁令、保甲、缉捕、审理案件、监禁人犯、发信号炮等要职。清朝同时还保存了明朝五城兵马司的设置，只是由于九门提督的设立，其职权缩限为处理一般治安案件和重大命案、盗窃案的验尸和踏勘。侍卫处是清朝常备的侍卫警备机构，管理皇帝侍卫、亲军，负责保卫皇帝及其近亲，守卫皇宫，引导官员觐见，稽查皇宫出入，皇帝出巡随扈保驾，驻扎行宫守卫、戒备等。地方警察建制方面，在省，总督、巡抚为最高军政长官，其下设布政使管理钱粮户口，按察使主管侦查、司法，其属官又有知事掌勘察刑名，司狱掌监狱，经历、照磨掌文案、案卷；[1] 在府，四品知府为行政长官，督捕、江防、海防由同知或通判执掌，其属官有司狱、经历、照磨等；在县，很多具体事务皆由知县直接管理，下设"县丞、主簿分掌粮马、征税、户籍、缉捕诸职""典史掌稽察狱囚"[2]；在基层，清政府推行牌甲制度，十户立一牌长，十牌立一甲长，十甲立一保长，每户有牌，其上载其姓

---

〔1〕 参见蒲坚：《中国古代行政立法》，北京大学出版社1990年版，第489页。
〔2〕 《清史稿》卷一一六《职官九》。

名丁口,"出则注所往,入则稽所来",过往行人住宿也要例行登记,且各"长"均为治安耳目,负责稽查治安、监视人民。

四、近代警察法的发展（1840年~1949年）

1840年中英鸦片战争之后,中国内生的封建制度被打破,外来的西方文明被引入,其中就包括西方现代警察法制的进入。

（一）湖南保卫局的建立及其警察立法

清末光绪二十四年（1898年）,湖南长宝盐法道并署理湖南按察使黄遵宪,在《湘报》第7号上公布了其草拟的《保卫局章程》征求意见,开近代警政革新实践之先河,而该章程也成为中国历史上最早的警察立法。

湖南保卫局于该年正式开办。其初衷是改革旧式保甲制度,整顿社会治安："以省城内外户口繁盛,盗贼滋多,痞徒滋事,不无扰害。上年窃案多至百余起,破获无几。而保甲、团防局力不足以弹压,事亦随而废弛。非扫除而更张之不足以挽积习而卫民生。"[1]由于政府财力有限,保卫局由公私合办,官方与地方富绅联合出资。根据《保卫局章程》,保卫局的机构设置采取三级体制,自上而下划分为总局、分局和小分局。总局是保卫局的最高领导机关,设总办一人,由该省司道大员兼任,负责局里全面工作,设会办一人,协助总办处理各项具体事务,又设委员四人,分掌文案与审讯。由于是官绅合办,同时总局还有一套绅士组成的人事体系。其中会办绅士一人,是绅士体系中的最高领导,负责"管理、稽查各局委绅及各局巡查一切事务,凡系支发银钱、清理街道、招募巡查之事,均会同总办签行"。委绅二人,负责具体工作,同时还有议事绅士十余人,为保卫局的决策机构。分局是保卫局的中层机构,在长沙城东南西北各设一所,城外一所,共五所。每分局设局长和副局长各一人,分别由官员和绅士充任。每个分局下辖六个小分局,

---

[1] "臬辕批示",《湘报》第3号。

共三十所小分局。小分局为保卫局的基层机构,直接负责各项警务,其设理事委员一人,由官员担任,副理事一人,绅商任之。另设巡查长一人,巡查吏二人,巡查十四人,似于警长与警员。

《巡查长职事章程》及《巡查职事章程》具体规定了巡查的特有职权、纪律、福利待遇以及优抚等事项,使得湖南保卫局基本具备了近代警察机构的雏形。其基本职能可以概括为"去民害、卫民生、检非违、索罪犯",具体包括预防犯罪,缉捕盗贼,保护、救援与协助人民、消防、治安等。此外,保卫局还制定有《保卫总局清查户籍章程》和《保卫总局管理街道章程》,赋予其编查户口、管理街道等职权。[1]作为保卫局下属机构之一的迁善所,则依据《湖南迁善所章程》,负责安置、改造游民和违反警察禁令的轻微人犯。如学者韩延龙、苏亦工等指出,迁善所已不同于旧式的封建监狱,而是类似于近代资本主义性质的收容所和感化所。[2]

可惜的是,湖南保卫局作为长沙一隅的一次实验,仅仅存续了3个月。随着戊戌变法的失败,1898年10月31日便遭遇了被裁撤的命运。

(二) 清末警政筹措与立法

尽管警政变革中途夭折,但八国联军侵华这一历史事件导致了清政府开始重新审视警政变革的必要性,继而从中央层面开始了自上而下的警政筹措。

1. 安民公所时期

庚子之役,八国联军占领京津,清政府高层统治者仓皇出逃,京师一片混乱。清政府兼管京师警察事务的步军统领衙门和五城兵马指挥司等机构也陷于瘫痪。在这种情况下,京城各地段的绅商为

---

[1] 参见韩延龙等:《中国近代警察史》(上册),社会科学文献出版社2000年版,第41~46页。

[2] 参见韩延龙等:《中国近代警察史》(上册),社会科学文献出版社2000年版,第41页。

了维护自身的利益,在侵略者和清政府留守官员的允诺下,于1900年8月出资筹办了所谓的"安民公所"作为临时治安机构,其职责在于维护地方治安,保障公共秩序。公所虽属殖民性质,但其介于旧时团防与西方警察之间,在近代警政建章立制过程中起到了承上启下的作用。

2. 京城善后协巡总局时期

1901年6月,联军从北京撤离,两宫回銮。清政府为收回警权,在保留公所部分职能的前提下,裁并公所,设立了京城善后协巡总局。"城内地面,按照八旗,每旗各设一局。皇城内分左右翼各设一局,居中设一总局,以资统率。"[1]京城善后协巡总局制定有《现行章程》。依章程规定,该局职责为维持京城地区的社会治安和公共秩序。总局设专职大臣一人,兼职大臣四人,下设提调、总办、会办、巡捕官等。总局下设三个办事机构:文案处掌拟稿发文,营务处掌巡防、捕盗,发审处掌审理案件。

3. 工巡总局时期

由于协巡局管理的事务庞杂,而事权又不统一,与步军统领衙门、顺天府、五城等机构分而掌之,导致巡缉不力,并没有能够改变京师糟糕的治安状况。同时作为一个临时机构其过渡职责也已完成,清政府遂于1902年5月在北京内城创设了工巡总局。工巡总局是管理京师地方街道及警务的机构,主要职掌整顿京师地方治安、督修内城街道并管理京师巡捕等事宜。工巡总局制定有《外城工巡局章程》以及《巡捕队章程》等。该局设工巡事务大臣一人,设置的机构有事务处、巡查处、守卫处、待质处、军装库、图标处、文案处、发审处、支应处、消防队等。下属单位有东局、中局、西局等。各局内设有档房、文案处、发审处、支应处、司狱科、守卫处、派差处、巡查处、各区、各段、训捕队等。此外,还有东西城路工

---

[1] 故宫博物院明清档案部编:《义和团档案史料》(下册),中华书局1959年版,第1224页。

局、习艺所、警务学堂及街道局等。1905年8月5日，清政府谕令依照内城工巡局设立外城工巡局。同时宣布"原巡视五城街道厅御史著一并裁撤"[1]。

与此同时，直隶总督袁世凯也于1902年5月开办警务局。直隶省城保定的警务局在当时风评较好，初见成效，并制定有严密的规章制度，如保定警务局《站岗规矩》《巡逻规矩》《管理旅店法》《旅店货宿客商册式规则》等。其他大多数省份也都纷纷开办警务，并制定了相关的警察法依据。

4. 巡警部时期

工巡总局存续了约4年，1905年8月26日发生出洋考察五大臣被炸事件，清政府决定扩大警察组织。因而于同年9月10日，正式宣布成立巡警部，作为全国警政的最高管理机构，接管工巡总局的职权并加以扩大。之后巡警部奏请原内外城工巡局更名为内外城巡警总厅，直隶于巡警部，管理内外城一切警务。与此同时，巡警部奏定了《部厅权限章程》作为划分部厅之间权限的法律依据。此外，还有《巡警部官制章程》《内外城巡警厅区试办章程》《京师内外城巡警总厅分科职掌章程》等法律文件规定了其内部机构和下属单位的具体设置。巡警部设尚书一人，左右侍郎各一人。内部设五司十六科，警政司，下属行政、考绩、统计、户籍四科；警法司，下属司法、国际、检阅、调查四科；警保司，下设保安、卫生、工筑、营业四科；警学司，下设课程、编辑两科；警务司，下设文牍、庶务两科。其下属机构包括京师内外城巡警总厅、内外城预审厅、高等巡警学堂、京师习艺所、路工局、消防队、协巡营、探访队、稽查处等。巡警部还统一了警察的称呼，全国警察统一称为"巡警"。

5. 民政部时期

光绪三十二年（1906年）10月，清政府实行官制改革，出洋

---

[1] 北京市地方志编纂委员会编著：《北京志·政法卷·公安志》，北京出版社2003年版，第19页。

考察的五大臣之一戴鸿慈奏称："考各国之制，以警部独称者甚稀，而内务部不立者则竟无有，臣等以为不若该巡警部为内务部"[1]，1906年11月6日，巡警部得上谕："巡警为民政之一端，著改为民政部。"[2]民政部成立后，除接管巡警部职掌外，并将户部、礼部、工部及吏部的部分事务，均并入该部管理。原来巡警部的事务转归为民政部所属的警政司办理，警政成为民政部综理的事项之一，警务也由此成为内务行政的一部分。[3]凡属地方行政、自治、户口、风教、保息、荒政、警察、疆理、营缮、卫生等事项均归其掌握。根据《民政部官制章程》，除警政司外，民政部下还设有四司两厅。

巡警部和民政部时期，清政府先后颁行了一系列警察法规，其中包括光绪三十二年（1906年）颁布的《大清印刷物专律》《管理旅店规则》，光绪三十三年（1907年）颁布的《火场救火规则》，光绪三十四年（1908年）颁布的《大清违警律》《报律》《结社集会律》《外城夜市简章》《调查户口章程》以及宣统元年制定的《呈报营业规则》等，详细完备程度可见一斑。

巡警部和民政部设立后，京师的警察机构大体完备和定型，而各地仍然是"编制条殊，章程互异。不独精神未能统一，即形式亦复参差。揆厥由来，实缘警察机关未臻完备，内外隔阂，呼应不灵。不得不各囿方隅，姑乃旧惯"[4]。为了解决这一情况，清政府决定在各省增设巡警道，专管全省巡警消防、户籍、营缮、卫生诸事，以扭转各省办警不力的局面。因而民政部又于1908年4月拟定了

---

[1]《出使各国考察政治大臣戴鸿慈等奏请改定全国官制以为立宪预备折》，沈云龙主编：《清末筹备立宪档案史料》（上册），文海出版社1981年版，第371页。

[2]（清）朱寿朋编：《光绪朝东华录》（第五册），中华书局1958年版，第5579页。

[3] 参见黄晋祥："论清末警政演变的历史轨迹"，载《社会科学家》1997年第2期。

[4]《民政部奏拟定直省巡警道官制并分科办事细则折》，载北京政学社编：《大清法规大全》卷（21）（上）。

《直省巡警道官制并分科办事细则》15条。

(三) 民国警察法

随着清政府的灭亡，国家面临内忧外患的局面。国内军阀割据，政府更迭频繁，甚至出现傀儡政府，每一个政府的警政建设都有自己的特点。

1. 北洋政府时期

在袁世凯"划一警制"的思想指导下，建设和健全了警察制度。首先，在机构设置上，在中央设置内务部，内务部内设总务厅、警政司、民治司、职方司、土木司、礼俗司和卫生司。在地方上统一警政机构称谓，改变以往清廷各地警员杂乱的现状。其次，警员分类在清廷基础之上更加细化。北洋政府时期，政府文件中不再出现"行政警察"这样笼统的称谓。为适应形势的发展，新设立了卫生警察、消防警察、矿业警察。[1]最后，法规更加完善。北洋政府的警察法规内容丰富，根据调整关系的不同，大致分为四类：一是关于警察机关的设置的组织法规，有《京师警察厅官制》《地方警察官厅组织令》《地方警察厅官制》《地方警察局组织章程》《县警察所官制》《县警察队章程》等二十余部；二是警务人员录用、服制、培训、奖惩和抚恤的章程与条例，有《招募巡警章程》《警察官任用暂行办法》《警察服制令》《警察学校组织令》《各省警察传习所章程》等十多部；三是调整警察机关日常活动的办事规程和勤务人员勤务规例，有《京师警察厅办事细则》《勤务督察处办事规则》《京兆地方保卫团实施细则》《尊重巡警品格办法》《铁路警察服务规则》等十余部；四是治安管理法规，有《违令罚法》《治安警察法》《违警罚法》《预戒法》等。[2]

---

[1] 参见梁翠："论北洋政府的警政建设及其特点"，载《河南警察学院学报》2013年第2期。

[2] 参见杨玉环："论中国近代警察制度的形成"，载《社会科学辑刊》2006年第2期。

2. 南京国民政府时期

蒋介石建立的国民政府虽然完成了形式上的统一，但仍面临内忧外患，国内治安刑事案件多发，社会秩序混乱。蒋介石认为"警察的地位，尤其在中国，具有超越一切的地位"[1]。

机构设置上，在继承北洋政府的基础之上，从中央到地方设立了一系列的警察机构，分为中央警察机构、首都警察机构和地方警察机构。在中央，1928年设立内政部，作为最高警察机关，内政部下设四司：警政司、民政司、土地司、卫生司。1931年4月南京国民政府修正公布《内政部组织法》，内政部组织结构为"一署六司"，即卫生署、总务司、民政司、统计司、土地司、警政司和礼俗司。[2]在首都，将原来江苏省警察厅改为南京警察厅，直属内政部管理。厅长由内政部提名任命，并按人口、面积等因素，先后设立了12个警察局为其外部组织。每局下设警察派出所、警察分驻所、巡逻队等。地方警察机构分为省警察机关、省会和市警察机关、特别警察组织以及县公安机关。

南京国民政府对北洋政府已经存在的警察种类和职能进一步细化。在原有行政、司法、消防、铁路、水上、矿业和武装警察等警种划分基础上，组建了刑事警察、水上警察、外事警察。此外，还有消防、税务、盐务、渔业、森林、交通、公路、政务和卫生警察以及宪兵、特务机构、武装警察队、保卫团和地方自治武装等具有警察性质的组织。

南京国民政府还进一步完善了警察法律法规。主要包括以下几类：

（1）组织法规。根据不同地区的实际情况颁布了各省省会警察局组织规程以及《交通部交通警察总局组织条例》《各级公安局编

---

[1]《蒋介石对南京市公安局警察关于"警察的地位、责任"等问题的讲话》，武汉市档案馆藏，第26、28、29页。

[2] 参见谢振民编著：《中华民国立法史》，正中书局1937年版，第428页。

制大纲》《省警务处组织法》《首都警察厅组织法》等内容涉及中央地方各级警政机关组织体制、内容权限的组织法。

(2) 警察任用、培训教育和警械警具管理法规。关于警察制服的有《警察服制令》和《警察服制条例》等；关于警察任用的有《警察官任用条例施行细则》《警察官任用条例》《高等考试警察行政人员考试条例》《普通考试警察行政人员考试条例》《警察录用暂行办法》《警察逃亡惩治条例》等；关于警察培训和警员经费等有《确定警察经费办法》《警官学校章程》《警官高等学校章程》《警察学校教务令》《各级警察机关对于动员戡乱实施纲要应行注意办理事项》《各省市留用违警罚款补助充实警察机关设备实施办法》等。

(3) 警察行政法规。南京国民政府颁布了《渔业警察规程》《户籍法》《矿业警察规程》等。1934年的《户籍法》规定"户籍及人事之登记以县之乡镇区域及市之坊区域为其管辖区域"。[1]同年6月公布的《户籍法施行细则》第3条又进一步规定："户籍及人事登记事务在未成立乡镇公所或坊公所地方得依警区办理。警区设置之户籍主任及户籍员以公安局所职员或公共机关相当人员兼任之。"[2]

(4) 特殊警种创设专门法律。在针对特殊警种法律创设方面：针对铁路警察颁布《京汉铁路局改组警务章程》；针对水上警察颁布《山东省水上警察总队组织规程》《浙江省内河水上警察局组织规程》《安徽省水上警察局组织规程》；对于刑事警察颁布《首都地方法院检察处警察厅会订刑事案件各项笔录按印指纹办法》《各级警察局刑事警察整编规则》等。1931年秋，首都警察厅开始先行试办女警，先后制定了《首都警察厅试办女警暂行办法》及《首都警

---

[1] 参见内政部年鉴编纂委员会：《内政部年鉴二》，商务印书馆1936年版，第1552页。

[2] 参见内政部年鉴编纂委员会：《内政部年鉴二》，商务印书馆1936年版，第1563页。

察厅修正试办女警暂行办法》,开始创设女警。

3. 汪伪政府时期

在机构设置上,汪精卫政权在中央设置警政部,首都设置首都警察厅直属于警政部管辖。各省设置警务处直属警政部,并兼由各省政府指挥。各省省会设立省警察局直属警务处。行政院直辖市或行区设警察局。各县设置警察局直属警务处,并兼由各县政府指挥。

在法律法规上,组织法方面,制定了一系列的警察组织法,如《修正首都警察总监署组织法第一条、第二条、第二十一条、第二十六条条文》《各地方警察机关经济警察组织条例》《中央税警总团海州分团司令部组织规程》《中央税警总团组织条例》《内政部警察法规编修委员会组织规程》《各县警察队编组大纲》《首都警察总监署组织法》《省警务处组织法》《首都警察厅组织法》《各级警察机关组织大纲》《首都军警联合办事处组织规则》《各级警察机关编制大纲》《行政院直辖市警察局组织法》等;在警察制服方面颁布了《修正警察制服条例》;在抚恤方面,颁布了《战时核发警察官吏恤金补充暂行办法》《修正警察官吏抚恤条例》等。

4. 伪满洲国政府时期

在机构设置上,在中央设置警务司,负责全部警察的指挥。在首都新京特别市设置首都警察厅。在奉天市、哈尔滨市两市设置警察局,在佳木斯市等九市设置警务科,在海上设置海上警察队。在"七七事变"之后设置了经济警察机构,实际上为日本对伪满洲国实行统制经济提供了便利。

在法律法规上,涉及较多领域。在消防领域颁布了《奉天水灾救济筹备委员会简章》;警察制服领域颁布《警察官服装规程》等;在警察训练领域颁布《采用及教练警士暂行规程》;警察培养方面颁布《中央警察学校官制》等法律法规。

(四) 中华苏维埃、抗日根据地与解放区的警察法

1. 中华苏维埃时期

1931年11月7日，中华苏维埃共和国宣告成立，颁布了《中华苏维埃共和国宪法大纲》和《中华苏维埃共和国国家政治保卫局组织纲要》，原先成立的各级肃反委员会改为国家政治保卫局各级分局，实行垂直领导，直接受国家政治保卫局领导。《中华苏维埃共和国宪法大纲》明确了政治保卫局是工农民主政权的专政机关，这标志着人民公安系统的首次建立。国家政治保卫局和省、方面军军团各分局内设侦查部、执行部和总务处。区和师、团、独立营设政治保卫局特派员及干事。政治保卫局主要职责包括侦查、情报、预审、治安、保卫、劳动改造及肃清反革命等工作。

此外，中华苏维埃共和国内务部下设民警管理局和刑事侦探局。根据1931年11月颁发的《地方苏维埃政府的暂行组织条例》规定，省属内务部之下，设立民政厅、市政厅、刑事侦探局；后制定的《中华苏维埃共和国地方苏维埃暂行组织法（草案）》规定，省内务部所在地设民警分局，直属于内务部民警管理局。其下，在大城市设民警厅、小城市设民警所，成为垂直的组织系统；1932年6月，《中华苏维埃共和国临时中央政府内务部的暂行组织纲要》再规定，城市苏维埃设行政科，管理民警厅兼管刑事侦探工作，大城市设市政科、行政科，管理市政民警及刑事侦探事项。民警的主要任务包括调查户口、登记生死和婚姻、维持市面治安、禁烟禁赌及管理公共卫生。[1]

2. 抗日根据地时期

抗日民主政权建立后，各抗日根据地相继建立起各类除奸保卫组织，有除奸小组、除奸团、自卫队等，有的对旧政权改造，建立公安局或者公安大队；在山东抗日根据地，建立政治保卫局。

---

[1] 参见穆玉敏：《北京警察百年》，中国人民公安大学出版社2004年版，第322~325页。

第一章　警察法的源流和谱系

在中共中央所在地延安，于1937年年底建立了公安局。公安局内设治安、社会、司法等科，包括警察队、骑警巡逻队和一个派出所。这就是早期出现的抗日民主政府公安局、派出所和人民警察。

最初，地方的锄奸保卫工作主要是由部队锄奸部门管理的。为了加强对锄奸保卫工作的领导，在八路军总部建立了保卫委员会，中共中央建立了中央保卫委员会，1938年又建立了中央保卫部。1939年2月，中共中央作出《关于成立社会部的决定》，同时建立了中央社会部作为中央保卫组织。中共中央社会部于1940年下半年制定《公安局组织纲要》在党内下达，并要求各抗日根据地结合本地情况，制定颁布公安局组织条例。同时规定公安局的性质是抗日民主政权维持治安的机关。公安局的组织：边区政府下设总公安局，行政公署下设行署公安局，专署设公安督察专员，县设县公安局，区设治安员。公安局内部设置社会（侦查、情报、社会调查）、司法（预审、看守、起诉）、教育（管理干部、对群众进行除奸教育）以及秘书等部门；边区、行署、县三级公安局分别设立警卫大队、中队、区队，执行武装警械、看押犯人及其他保卫任务。县以上公安局有侦查、检查、逮捕、审讯、维持治安、动员民众锄奸等职权。在立法方面，中共中央除制定《公安局组织纲要》外，中央社会部经修改转发晋察冀边区的《公安局警务公约》，在其他抗日根据地，也相继制定了一批公安法规，几乎囊括了公安法制的各个方面，如陕甘宁边区的《出入特区边境护照使用条例》《民众锄奸委员会组织条例》《抗战时期戒严条例（草案）》《检查行旅办法》《警察服务规程》《违警罚暂行条例》《延安市自卫武器暂行持用条例》《调整军政民关系维护革命秩序暂行办法》《自卫武器登记给照暂行条例》《颁发通行证护照规则》《西北局社会部关于逮捕反革命人犯的规定》《西北局社会部审讯工作基本条例》等；晋绥边区的《没收汉奸财产单行条例》《惩治贪污暂行条例》等；晋察冀边区的《公安局暂行条例》《戒严检查办法》《关于逮捕搜索侦查处理刑事、特种刑事犯之决定》《村锄奸小组工作纲要》等；山东抗日根据地的《省公安局暂行条例》《省公安总局组织细则》《省主任区公安局组织细则》《省专员区公安局组织细则》《县公安组织细则》《各级公安局拘押差犯暂行条例》等。

3. 解放区时期

抗日战争的胜利后，爆发了解放战争。随着国民党节节败退，解放区也不断扩大。解放区的警察制度和立法也进一步发展完善。东北、华东、西北、华北等分别逐级建立了公安机关。在城市，各地人民政府也都建立起公安机关。这一时期公安机关的主要职责是搜捕敌特分子、打击盗匪、收缴民间枪支、改造和安置游民、清查户口、整顿交通以及加强特种行业管制等。在立法方面，新颁布了一批公安法规，其内容更加完备和详细。如刑事法规有《山东省省人民政府关于取缔会门道门的布告》《华北人民政府关于解散所有会门道门封建迷信组织的布告》《华北人民政府关于清理已决及未决案犯的训令》《华北人民政府为通报重大案件量刑标准》《华北区禁烟禁毒暂行办法》等；公安组织法规有《山东省公安干部立功暂行条例》《革命警察之性质、任务、条件、守则》《东北各级公安机关组织暂行条例》《华北人民政府各级公安组织条例》《华北人民政府公安部办事细则》《公安局暂行条例》等；治安法规有《华北区枪支管理暂行办法》《华北区携带枪支暂行规则》《农村治安工作条例（草案）》《北平市治安委员会治安运动指示》《哈尔滨市江岸秩序暂行管理规则》；交通管理法规有《哈尔滨市内特定道路禁止马车牲畜通行暂时规则》《上海市交通管理暂行规则》《北平市交通管理暂行规则》《天津市人民政府公安局临时交通管理规则实施办法》《北平市人民政府管理摊贩暂行办法》《上海市人民政府公安局管理摊贩暂行规则》等；户籍管理法规有《哈尔滨市人民政府公安局外侨户口登记暂行办法》《东北公安总处关于颁布户口暂行管理办法令》《北京市市民声报户口规则》《北京市市民违反声报户口规则暂行罚则》等。此外,还有特殊行业管制法规如《北平市公共娱乐场所管理暂行办法》《北平市旅栈业管理暂行办法》《北平市旅栈旅客遗留物品处理暂行办法》,以及消防法规如《东北人民政府关于加强消防建设通令》和《哈尔滨市公共房产防火规则》等。

五、中华人民共和国成立以来警察法的发展

(一) 警察机构设置

中华人民共和国成立后,根据《中国人民政治协商会议共同纲领》和《中华人民共和国中央人民政府组织法》,在中央军委原公安部的基础上建立中央人民政府公安部,并在全国建立统一的各级人民公安机关以及公安武装。1950年12月4日,为了区别旧警察,统一中国人民公安机关工作人员的名称,共和国首任公安部部长罗瑞卿即专门拟稿请示政务院总理周恩来,统一称为"人民警察"。12月8日,周恩来总理批示同意后,各种警察统称"人民警察",简称"民警"。自此,"人民警察"这一划时代的称谓载入了中国警察史册。[1]

我国警察机关主要包括公安机关[2];国家安全机关;监狱。其中,公安机关是警察队伍的主体。

当前我国公安机关具有行政性和司法性双重属性,既是政府的重要职能部门,依法管理社会治安,行使国家行政权;又依法侦查刑事案件,行使国家的司法权。公安机关的职责:预防、制止和侦查违法犯罪活动;防范、打击恐怖活动;维护社会治安秩序,制止危害社会治安秩序的行为;管理交通和危险物品;管理户口、居民身份证、国籍、入境事务和外国人在中国境内居留、旅行的有关事务;维护国(边)境地区的治安秩序;警卫国家规定的特定人员、守卫重要场所和设施;管理集会、游行和示威活动;监督管理公共

---

[1] 参见张兆端:"'人民警察'称谓考",载《山东警察学院学报》2011年第1期。
[2] 2018年3月13日,十三届全国人大一次会议表决通过了关于国务院机构改革专案的决定,将公安部的出入境管理、边防检查职责整合、组建国家移民管理局,由公安部管理。国家移民管理机关仍可视为公安机关的组成部分。

信息网络的安全监察工作；指导和监督国家机关、社会团体、企业事业组织和重点建设工程的治安保卫工作，指导治安保卫委员会等群众性治安保卫组织的治安防范工作。

根据《公安机关组织管理条例》的规定，我国当前公安机关的基本设置：公安部在国务院领导下，主管全国的公安工作，是全国公安工作的领导、指挥机关。县级以上地方人民政府公安机关在本级人民政府领导下，负责本行政区域的公安工作，是本行政区域公安工作的领导、指挥机关。设区的市公安局根据工作需要设置公安分局。市、县、自治县公安局根据工作需要设置公安派出所。县级以上地方人民政府公安机关和公安分局内设机构分为综合管理机构和执法勤务机构。执法勤务机构实行队建制，称为总队、支队、大队、中队。

公安机关的内设机构与警种大致有办公室（秘书科）、指挥中心、政工、后勤财物装备、法制、政治保卫、治安、刑侦、技侦、预审、看守所、户政、交通管理、经济保卫、文化保卫、出入境和外国人事务管理、科技、计算机网络监察、边防、消防、警卫等机构与警种。此外，经国务院批准，在国家有关部门还内设专门从事具有一定专业内容和范围内公安警务活动的公安机关。专业公安机关是中央公安机关的派出机构，依法行使相应的公安职权。在我国有民航、铁路、交通港航、森林和海关缉私等专业公安机关。

（二）警察法体系的层次与范围

由我国当前的立法体制所决定，立法根据制定机关的不同可以划分为不同的层次或者位阶。首先宪法具有最高法律效力，其次是由全国人民代表大会及其常委会制定的法律，再次是国务院制定的行政法规，最后是国务院各部委制定的部门规章、各地方制定的地方性法规和地方政府规章以及少数民族地区制定的自治条例和单行条例。

因此，从纵向上看，警察法体系也会根据制定机关不同而产生不同的层次或者位阶。从学理上可以分为警察法律、警察行政法规、警察部门规章、地方性警察法规、地方警察规章。

根据法律位阶理论，一般而言，警察法律的效力要高于警察行政法规，警察行政法规的效力高于警察部门规章、地方性警察法规和地方警察规章。

从横向上看，警察立法体系所涵射的范围非常广泛。一般而言，理论界普遍承认的警察立法体系应包括以下几类构成：

1. 警察基本法。指的是根据宪法，由最高权力机关制定的确立警务活动的性质、任务、原则，以及警察组织的基本职权、管理体制、管理原则等警务活动的基本法律规范。

2. 警察组织法。指的是调整有关警察机关和人民警察的性质、地位、设置、结构、职权职责、组成编制、活动原则的法律规范的总和。

3. 警察刑事法。指的是规定和调整警察机关及其人民警察在行使法律所授予的国家刑事司法职权中产生的各种刑事法律关系的法律规范的总称。

4. 警察行政法。即警察机关和人员行使警察行政管理职权的法律、法规。

5. 警务保障法。是指调整警务保障关系、规范警务保障活动的法律规范的总称。

6. 警察监督法。指的是监督警察权行使的法律规范。

7. 警察救济法。指的是调整因警察权行使造成公民、单位或法人权利受侵害所引起的复议、诉讼和赔偿关系的警察法律规范。[1]

（三）当前警察法体系概况

改革开放以来，我国警察立法取得了长足的发展。特别是1995年《人民警察法》的颁布实施，是警察法制建设的重要里程碑，警

---

[1] 参见公安部人事训练局编：《警察法教程》，群众出版社2001年版，第22页；徐武生、高文英主编：《警察法学理论研究综述》，中国人民公安大学出版社2013年版，第99~101页。

察工作和队伍建设步入规范化、制度化、法制化轨道。

其中,公安立法在我国警察法体系中占据主体地位。公安立法是指在法律、行政法规、地方性法规、国务院部门规章、地方政府规章、民族自治条例及单行条例中,规定公安机关及其人民警察职责,并由公安机关及其人民警察具体实施的法律规范总称。

粗略统计[1],我国目前直接涉及公安的现行有效法律约有12部,其中以《人民警察法》《中华人民共和国人民武装警察法》《中华人民共和国枪支管理法》《中华人民共和国禁毒法》等为代表;公安行政法规约26件,如《公安机关组织管理条例》《公安机关督察条例》《拘留所条例》《戒毒条例》等;公安部门规章约178件,如《公安机关人民警察纪律条令》《公安机关强制隔离戒毒所管理办法》《道路交通事故处理程序规定》《城市人民警察巡逻规定》等。地方性法律方面,根据"国家法律法规数据库"的检索结果,涉及公安机关的地方性法规多达11 797件。一个以《人民警察法》为核心,由国家法律、行政法规、部门规章、地方性法规和地方政府规章组成的公安法规体系已基本形成。这为加强社会治安管理、维护公共安全和治安秩序,保护公民的合法权益奠定了法治根基。

但是不可否认,我国警察立法也存在一些不可回避的问题。

首先,立法欠缺系统性。尽管警察法律法规数量庞大,但是比较零散,缺乏规划,往往是根据需要,遇事则立法。

其次,立法统一性有待加强。有些警察法规定不统一,甚至存在冲突。例如,《中华人民共和国反恐怖主义法》(以下简称《反恐怖主义法》)和《治安管理处罚法》针对旅馆业未登记旅客身份证件问题所作出的处罚天差地别,前者处罚金额的区间高达十万元至五十万元,后者则仅为两百元至五百元。由于立法中未能详细规定其区分规则,缺乏立法上的统一衔接,不仅引起理论上的争议,也

---

[1] 统计数据来源于"北大法宝法律法规数据库"。

给公安机关的执法实践造成了困扰。

最后，立法缺乏民主性和透明度。有学者提出，警察立法在征求意见时很少征求群众意见，往往局限于内部相关单位，至多扩大到个别的专家学者。由于征求意见的范围有限，程序上缺乏民主立法的形式，很多人民群众关心的立法问题不透明，结果上难以保证立法质量，不同程度存在部门利益、地方保护主义的痕迹，十分影响公安机关和形象和法律权威，难以保证法律得到有效实施。

因此，针对以上问题，公安机关在立法过程中应当有所改进，着力解决，最大限度实现警察法体系的完备性。

第二章　警察制度历史一瞥：南京国民政府前期都市交通警政研究（1927年~1937年）

一、问题由来

中国现代警政自清末光绪始。1912年中华民国临时政府成立后，虽然在政权上终断了清王朝的统治，但仍然承续了清末向现代化迈进的历史轮辙。为实现"揖美追欧，旧邦新造"[1]的目标，将建立和发展现代警政作为政治现代化的必要步骤。此后的南京国民政府，延续了中华民国临时政府的做法。尽管南京国民政府的警政属于国民党旧法统之一部，也曾作为其维护政治统治的工具，但其作为中国警政现代化过程中的重要发展阶段，曾起到的变革和改造中国社会的作用不能完全否定。南京国民政府的警政制度发展汲取了西方的经验，并经历本土特殊国情的形塑，其制度与功能、经验和教训都值得进一步研究总结。因此，探讨民国警政制度，不仅具有历史考据的意义，对于今日警政建设也能有所镜鉴。

近30年来对民国警政制度的研究集中于警察制度通史、警政（警察制度）的现代化与发展、警察教育、警政人物及其思想的研究。[2]而以专业警种为切入点，研究具体的专业警察制度的学术成果寥寥。

---

[1] "东亚开化中华早，揖美追欧，旧邦新造。飘扬五色旗，民国荣光，锦绣山河普照。我同胞，鼓舞文明，世界和平永保。"此为1912年中华民国临时政府国歌的歌词。

[2] 参见段锐、刘贝："中国近代警政史研究综述"，载《江苏警官学院学报》2013年第1期。

第二章 警察制度历史一瞥：南京国民政府前期都市交通警政研究（1927年~1937年）

在二十世纪二三十年代，欧美及日本等国的警种专业化较为发达。学者指出当时的警察分类，"为便利实际起见，均依警察之事务性质而加以分别"[1]。南京国民政府的警种专业化划分也已十分细致，设有刑事警察、外事警察、司法警察、消防警察、驻卫警察、税务警察、交通警察等16种。[2]但是，因为受到宏大叙事研究方法的影响，以往学界并不十分注重对具体警种制度进行精细考察。不过，警种分类或专业警种的研究在警察法部门理论和部门实践上的指导意义却是十分重大。有关国民政府时期专业警种制度研究的成果：关于外事警察，有刘旺的《近代中国外事警察制度研究》、李可等的《论民国时期外事警察制度及其影响》；关于税务警察，有徐志的《民国时期的税务警察》；关于森林警察，有李开民的《中国森警的历史演变（之二）——中华民国森林警察的创立时期》；关于卫生警察，有侯欣一的《最早的卫生警察"黄袖头"》；以及关于航空警察，有马洪根的《民国航空警察探微》。[3]从以上研究成果可看出，对各警种制度的相关研究基本上只有一两篇论文，十分单薄，且一些相对重要的警种制度如刑事警察、司法警察、消防警察、交通警察制度几乎是研究空白。这不能不说是一种遗憾。城市和道路是现代性的重要表征，搭建于其上的交通警政自然也成为衡量国家现代化程度的一个重要指标。因此都市交通警政成为观

---

[1] [日]松井茂：《警察学纲要》，吴石译，中国政法大学出版社2004年版，第22页。

[2] 参见韩延龙等：《中国近代警察史》（下册），社会科学文献出版社2000年版，第635~671页。

[3] 参见刘旺："近代中国外事警察制度研究"，湖南师范大学2010年硕士学位论文；李可、张丽萍："论民国时期外事警察制度及其影响"，载《江苏警官学院学报》2015年第3期；徐志："民国时期的税务警察"，载《涉外税务》2002年第6期；李开民："中国森警的历史演变（之二）——中华民国森林警察的创立时期"，载《森林防火》1994年第4期；侯欣一："最早的卫生警察'黄袖头'"，载《深圳特区报》2014年6月17日，第B11版；马洪根："民国航空警察探微"，载《兰台世界》2015年第31期。

察现代政府对社会的管理和控制能力的重要窗口。就交通警察群体而言，其在中国现代化过程中担当城市和道路秩序规训者的角色，其对传统中国社会生活秩序的改造，对现代公民素养的训练，是"旧邦新造"的必然要求。因而南京国民政府在都市治理过程中对交通警政极为重视，不仅采取了一系列切实有效的发展举措，还制定了大量的交通法规，甚至在都市交通警政发展过程中对各都市建设进行统一的指导。南京国民政府曾于1934年召开全国交通警察专员会议，要求各都市警察机关应培养专业的交通警察人才。随后内政部警政司统一编写了具有行政指导性质的《中国都市交通警察》一书。该书成于民国二十四年（1935年），是对民国都市交通警政建设的理论指引和实践经验总结。本书属于南京国民政府内政部警政司主编的"警察丛书"中的一本。时任警政司司长李松风在其为该丛书所做绪论中明确丛书的主旨有二：不仅期在实务上予我警察界同仁以工作之参考，更切望其能于普及社会警察知识一点，有所贡献。[1]该书对实际历史情况的记录整理，对于今日研究南京国民政府前期的都市交通警政仍具有重要的史料参考价值。

二、国民政府都市交通警政溯源

19世纪中期的上海英美租界就已经出现了都市交通警察的雏形。1854年上海租界工部局建立了巡捕队伍，在负责治安管理的同时，也承担了道路交通管理的职责。1870年到1880年，上海由于车辆增多，交通压力增大，公共租界内出现交通堵塞。工部局董事会决定在主要十字路口设置捕房人员来防止撞车等事故，为此增加了10名华捕。从1886年起，捕房派印度巡捕从事交通疏解工作，此后印捕便成为交通巡捕中一支重要力量。

上海租界的交通警察成长为一支独立队伍是在清光绪十六年

---

〔1〕 参见内政部警政司主编，刘垚、谈凤池编纂：《中国都市交通警察》，化国宇勘校，商务印书馆2018年版，编辑警察丛书引言。

第二章　警察制度历史一瞥：南京国民政府前期都市交通警政研究（1927年~1937年）

（1890年）。该年，上海租界工部局董事会会议决定在公共租界组建一支管理街头交通的专职队伍，设巡长1人，巡捕16人，这是上海最早的交通执法专门队伍，也是中国交通警察制度向近代化迈进的重要标志。[1]从1910年开始，工部局加强了对专职交通管理人员的配置。该年度专职从事交通管理的捕房人员，西捕有正副巡官各1人、巡长2人、巡捕5人，印捕有巡长8人、巡捕89人；华捕有巡长4人、巡捕98人，合计213人。这些专职管理人员的职责是负责对辖区内交通与车辆进行检查，对行驶的车辆进行监督和对违章行为进行处罚。1917年工部局警务处设立交通巡警，其编制包括正巡官1人，副巡官2人，西巡长10人，印捕100人，华巡长和华捕209人，合计322人。1921年年初，工部局警务处所属独立的交通股成立，同时开设了一个汽车驾驶学校，其职员由捕房1名西巡长，1名西捕及4名华人机修工组成。[2]交通警察在租界的运作，为西方现代交通警察制度进入中国提供了一个重要窗口。[3]

较之租界，中国官方自己的专业交通警察机构成立则晚得多。试办警察是清末筹备立宪新政的重要内容。清光绪二十八年（1902年）京师裁撤五城司坊各署，创立工巡总局，采外洋巡警之制，尽用警官、警兵分段站岗，以代兵役。[4]同年4月，工巡总局发布了《马路章程十条》，标志着道路交通管理被纳入警政。清光绪三十一年（1905年）10月，清政府正式设立中央警察机关，称巡警部，并设立内、外城巡警总厅两个机构，两个机构都设有警务处，其下

[1]　参见黄臻睿："上海早期的道路交通管理"，载《东方早报》2016年4月26日，第B13版。

[2]　参见编纂委员会编：《上海租界志》，载http://www.shtong.gov.cn/node2/node2245/node63852/node63861/node63962/node64495/userobject1ai58042.html，最后访问日期：2017年3月18日。

[3]　参见汪勇："略论清末警政建立对租界警察的借鉴"，载《山西大学学报（哲学社会科学版）》2010年第1期。

[4]　参见中国历史大辞典编纂委员会编纂：《中国历史大辞典》（下卷），上海辞书出版社2000年版，第3277页。

均设立交通股，这是我国第一次在警务机构中设立专门的交通管理部门。[1]次年八月，巡警部制定了《交通暂行规则》，明确了路面管理的基本规范，如规定"凡通行道路不得游戏、舞蹈，妨碍往来；道路中不得无故停留，如或街上遇有事故，往来人等，不得聚众观笑；通行道路不得妄弄火器、抛掷砖石；运载物件，不可停止道路，致碍通行"等。并且该规则还确立了车辆行人靠左行驶的原则。[2]1906年11月6日，巡警部得上谕："巡警为民政之一端，著改为民政部。"[3]民政部成立后，除接管巡警部职掌外，并将户部、礼部、工部及吏部的部分事务，均并入该部管理。原来巡警部的事务转归为民政部所属的警政司办理，警政司下设行政警务科管理消防、风俗、交通警察等事务。1908年4月，民政部发布《违警律》，对"关于交通之违警罪"设了专章规定，共2条21款，其中有关"道路管理"的有11款，凡触犯者均以"违警罪"处罚。至此，交通警察权的基本内容在制度层面完全确立下来。随着新式交通工具的普及，到民国三年（1914年），北京制定了第一部专门的机动车管理规则——《管理汽车规则》，开始对汽车和驾驶员实行牌、证管理制度。我国都市交通警察制度已经初具雏形。然而在民国建立后很长一段时间，由于城市交通发展缓慢，加之北洋政府没能实际掌控中国政局，导致社会动荡，城市管理一直顾及不暇，因而警察管理交通一直是临时性和兼职性的，中央政府更没有统一的交通规则和指挥办法出台。[4]到了南京国民

---

[1] 参见北京市地方志编纂委员会编著：《北京志·市政卷·道路交通管理志》，北京出版社2000年版，第11页。

[2] 参见北京市地方志编纂委员会编著：《北京志·政法卷·公安志》，北京出版社2003年版，第413页。

[3]（清）朱寿朋编：《光绪朝东华录》（第五册），中华书局1958年版，第5579页。

[4] 参见韩延龙等：《中国近代警察史》（下册），社会科学文献出版社2000年版，第667页。

第二章　警察制度历史一瞥：南京国民政府前期都市交通警政研究（1927年～1937年）

政府时期，至1937年抗日战争爆发之前，交通管理作为警政的重大事项得到充分重视，各地尤其是大都市的警察机构内部纷纷设立专门的交通管理部门，将都市交通管理作为警察的主要职能之一。并且在机构组织、队伍建设、交通设施、法规制定等方面进行了大量的创设和完善。

三、都市交通警察的组织的完善

国民政府通过各方面的努力，逐步实现了都市交通警察组织方面的完善，使得其较中国封建社会中的传统官僚体制发生了根本性的变化，从而搭建起"现代"的合理性框架。

（一）明确都市交通警察的法律属性

"警察"作为一个专门术语，用于指代现代意义上的专业化的执法群体，最早出现于19世纪初期的英国。1829年，时任英国内政大臣的罗伯特·比尔创建了伦敦大都市警察，并且使用"police"一词来指代这一群体，实现了警察与军队、警察与其他执法机关和司法机关的整体分离，因而成为现代警察制度的起点。现代警察的出现和法治主义密切相关，德国学者摩尔（Robert von Mohl）在其1832年出版的著作《法治国原则的警察学》（Die Polizei Wissenschaft nach den Grundsaetzen des Rechtsstaates）一书中，论述了警察与法治的关系，强调政府需要依法使用警察权。这使现代警察成为法治主义的内在基因。故民国学者赵修鼎也说，"警察观念，能划然明晰者，实受法治主义之赐也"[1]。

近代德国学者将行政分为五种，即内务行政、外务行政、财务行政、军事行政以及司法行政。[2]这种划分方法对日本学者和民国学者颇有影响。内务行政又可进一步划分为两种：积极地以增进社会公共幸福为目的的行政和消极地以维护社会公共安宁与秩序为目

---

[1] 赵修鼎：《警察行政》，商务印书馆1927年版，第7~8页。
[2] 参见余凌云：《行政法讲义》，清华大学出版社2014年版，第53页。

的的行政。[1]后者即警察行政。在近世福利国家与给付行政盛行、国家职责迅速扩张之前,[2]民国时期的中外学者的普遍观念,仍然秉持着传统的经典行政法理论,认为警察行政在国家行政中居于最为重要的地位。[3]德国法学家斯腾格尔(Stengel)将警察定义为:限制人民之身体财产,以防止国家及人民安全幸福之危害为目的之行为者,即警察也。[4]法国法上将行政警察界定为行政机关为了保证公共秩序而对个人自由所加的限制。[5]《中国都市交通警察》一书指出,由于道路及交通机关上之各种人事的现象,具有公共性质,同时,道路交通上之种种活动,如预防危险、排除故障、维持秩序等,根据需要可以限制车辆通行自由,因此被认为是"与警察有关系之目的物"。松井茂也指出,按照各国的通例,"最为繁赜之都市交通管理,乃为我警察之主要任务"[6]。根据这一理论,交通警察属行政警察的组成部分,其交通管理行为亦属于行政警察行为。同时,该理论也指明,并非所有道路上的行政行为都是交通警察行为,交通警察从事的是限制公民个人自由的行政行为。如为防止桥梁道路坍塌而加以修筑的行为,因不限制公民自由,不属于交通警察行为,而为防止桥路坍塌产生危害或修筑桥路等原因禁止行人通过,则属于交通警察行为。[7]以是否限制公民人身自由作为交通警察与

---

[1] 参见李士珍:《警察行政之理论与实际》,中华警察学术研究社1948年版,第11页。

[2] 这一趋势主要体现在第二次世界大战之后。

[3] 参见[日]松井茂:《警察学纲要》,吴石译,中国政法大学出版社2004年版,第13页。

[4] 参见徐淘:《警察学纲要》,广益书局1928年版,第9页;也见于李元起、师维主编:《警察法通论》,中国人民大学出版社2013年版,第5页。

[5] 参见王名扬:《法国行政法》,中国政法大学出版社1997年版,第446页。

[6] [日]松井茂:《警察学纲要》,吴石译,中国政法大学出版社2004年版,第164~165页。

[7] 参见内政部警政司主编,刘垚、谈凤池编纂:《中国都市交通警察》,化国宇勘校,商务印书馆2018年版,第4页。

第二章 警察制度历史一瞥：南京国民政府前期都市交通警政研究（1927年~1937年）

一般交通行政的区分，源于现代法治主义理论，国民政府正是在接受这一理论的前提下，借鉴国外做法，对交通警察的属性进一步明确，将原本不属于现代警察职能的部分路政职责剥离出去。另一方面，逐步扩大交通警察队伍，以应对随着经济发展而日益增大的交通压力。由此，国民政府时期的交通警察基于政治制度现代化和经济发展现代化的双重迫切需要而发展起来。

（二）设立都市交通警察机构并扩大队伍

1905年，清末巡警部在奏定的官制章程中就规定，警政司下设行政科掌凡警卫、保安、风俗、交通及一切行政警察事务。彼时，交通一直是警察事务中相对次要的部分。北洋政府时期，虽然交通纳入内政部警政司第二科（行政警务科）所掌管的诸多事项之一，但全国交通警察的建设和发展仍然十分缓慢。1919年，在张謇的主持下，南通率先成立了全国第一支专门交通警察队伍和第一所交通警察学校"交通警察养成所"。[1]全国其他地方仍均由普通警察临时管理交通，既无专门警察队伍，也并未设置专门的交通警察机关。国民政府时期，交通警察的重要性是随着市政及其交通的重要性而日益凸显的。中国自古以来重乡治而轻市政，1928年国民政府颁布的《特别市组织法》和《普通市组织法》开启了市政现代化的先河。市政研究也成为二十世纪二三十年代的一股思想热潮。蒋介石就指出："吾人革命之目的，在排除障碍、建立新治……建设之事万端，市政最为先务。"[2]市政建设被视为"旧邦新造"的重要手段，"关系市容至钜"[3]的城市交通问题及交通警察建设也自然得到充分重视。1928年以后，"交通警察"一词频频见诸民国时期的

---

[1] 参见张謇研究中心、南通市图书馆编：《张謇全集》（第四卷：事业），江苏古籍出版社1994年版，第425页。

[2] 金禹范："筹备无锡市政的几个要点"，载《无锡市政》1929年第1期。

[3] "交通警察之整理"，载《中国国民党指导下之政治成绩统计》1936年第2期。

市政公报和期刊报纸。[1]

机构设置方面，在中央，国民政府交通警察仍由民政部警政司第二科（行政警务科）主管。在地方，许多省会警察厅和都市警察局已经专设了负责交通管理的中枢机构如交通科、交通股等，负责领导、协调交通管理事项。如首都警察厅在保安科内设第三股，上海市公安局第二科设交通股等。这些机构的主要职能包括：（1）对交通管理进行统一指挥，并对交通管理的执行进行监督；（2）对交通实况、交通设施、交通事故以及关于交通警察的研究等信息进行调查、统计；（3）对交通管理事项进行规划；（4）交通行政立法；（5）交通警察训练；（6）从事与交通管理相关事务的对外联络与交涉；（7）车辆审检及司机考核并发放许可。[2] 专门机构的设立与职能分割，表明国民政府时期对交通警察的特殊性和专业性已经有了清晰的认知。

虽然有了专门的行政机构，但在队伍设置方面，抗战爆发之前大部分地方并没有形成专门的交通警察队伍。尽管当时欧美各国已经逐步趋向于交通管理专业化，交通警察被视为独立的专业警种单列出来，但由于国民政府各地方人力、经费所限，加之城市交通发展尚未达到一定程度，大部分城市没有设置交通警察的专门编制，交通警察仍然混编于普通警察（如治安警、巡逻警）之中。在这种模式下，交通管理事务与一般警察事务不做完全分离，由普通警察兼任，或安排在马路上"流动巡逻"，或安排于固定的路口交通岗。这种交通警察的分散制设置方案（混编制度）最初通行于地方，到1934年7月，国民政府召开的全国交通警察专员会议确认了这一设

---

[1] 对"全国报刊索引"数据库中的近代报刊资源以"交通警察"为关键词进行检索，1927年之前相关报刊条目数量仅2项，而检索到的1927年至1939年间相关报刊条目则多达151项。

[2] 参见内政部警政司主编，刘垚、谈凤池编纂：《中国都市交通警察》，化国宇勘校，商务印书馆2018年版，第10页。

置方案作为当时国情背景下全国交警队伍建制的基本原则。如当时的南京,虽然在首都警察厅设置第三股主管交通,但是交通警察的派遣、配置均由其下属的九个警察局按照各自辖区分别执行。他们往往选择其辖区内交叉道路或交通事故频发地点设置交通岗位,每岗位配置4名普通警察指挥交通。北平、上海、天津和汉口等城市基本类似。相对于北洋政府时期,国民政府交通警察队伍的警力规模和设岗数量已大大增加,交通要冲或纷繁之处都有固定的交通警察岗位,各地交通警察也有了区别一般警察的专门服制(如佩戴特殊臂章、盔帽以示区别)。其中,广州在当时设置了专门的交警队伍,是为数不多采取"统一制"模式的都市。广州交警的创办始于1918年,最初也是由普通警察兼任。广州警察主官魏邦平派员赴香港学习交通指挥,对普通警察进行短期培训后分派各冲繁路口。1923年4月,广州市公安局设立交通警察部门,附属于警务课,[1]机关内设主任课员1人,助理员3人,队伍实现专门化,由3个班共72名交通警察组成。[2]至1934年,广州的交警队伍大为扩张,由专门的交通警察长1名,交通督察员10名以及315名交通警士组成。[3]

(三) 严格选拔与训练制度

1. 选拔机制

美国学者贝利(D. H. Bayley)认为,职业化是警察的现代属性,其中,职业化最低限度的指标是根据具体标准招募警察。[4]清末警察多来源于旗兵、绿营乃至地方保甲,素质低劣,目不识丁。因而虽改警察之名,但无非是清朝旧时的军事保安组织的延续。北洋政府时期,警察招募由各地自行制定办法,直到1917年11月

---

[1] 参见"交通警察与市民生命之关系",载《广州市市政公报》1923年第75号。

[2] 参见"举办交通警察",载《广州市市政公报》1923年第92号。

[3] 参见内政部警政司主编,刘垚、谈凤池编纂:《中国都市交通警察》,化国宇勘校,商务印书馆2018年版,第16页。

[4] 参见王大伟:《外国警察科学》,中国人民公安大学出版社2012年版,第149、156页。

■ 警察的法理

《招募巡警章程》颁行才建立起全国统一的巡警招募制。虽然章程也规定了学历（小学以上）、身高（5尺以上）、健康等条件，但实际执行中，各地自行其是，加之北洋时代的警察在一定程度上还残留有封建胥吏和衙役的色彩，警察往往被长官视为奴仆，任意役使、打骂，甚至侮辱人格，与现代警察职业不可同日而语。警察地位低下导致这些选拔规定多流于形式，应募者经常是地痞流氓和生活无靠的贫民，[1]因此一般警察的文化和素质极低。南京国民政府于1928年实行了《警察录用暂行办法》，规定了警察招募录用的基本条件：年20岁以上30岁以下；身高5尺以上；高小毕业或相当程度，文理粗通具有普通常识；身体强健；仪容整肃；言语应对明了；视力完足；熟悉当地情形；立志愿书愿意担任警察3年以上等。同时，还需要经体检、笔试、口试测验合格，并在警士教练所训练合格后方能充任正式警察。这一改革使得警察逐步脱去衙役的色彩，开始向现代警察转型。由此国民政府时期的警察素质较以往大大提高了，警察的地位也得到提升。交通警察由于职能特殊，工作繁重，而且"栉风沐雨，无间寒暑"，因而在选拔时对警员的专业素养、身体素质、仪表秉性具有一定要求，其标准要高且严于一般警察。根据内政部警政司的要求，交通警察的任职标准基本上包含以下几方面：一是身高因素，要求任职者身材以高大为宜。主要虑及一者身材高大，在指挥交通时目标明显，指挥手势容易被识别，再者高瞻才能远瞩，便于观察附近交通状况。二是体格因素，择体格强健者任之。原因在于交通警察的执法环境比较混乱嘈杂，且不论寒暑晴雨，辛苦程度较于一般外勤警察更甚，因此必须身体健壮方能"胜任烦剧"。三是仪表庄重，交通警察整日立于交通枢纽位置，一举一动关乎法律权威，关乎生命财产安危，因此仪表庄重为要求之一。四是脾气性格，即要有好的脾气秉性，否则在交通管理工作的

---

[1] 参见韩延龙等：《中国近代警察史》（上册），社会科学文献出版社2000年版，第432~433页。

第二章　警察制度历史一瞥：南京国民政府前期都市交通警政研究（1927年~1937年）

嘈杂重压之下，容易心浮气躁，顾此失彼，难以堪当职务。五是技能因素，要求交通警察机敏灵活，由于交通状况复杂多变，因此负责整理交通的人员必须心思敏捷，身手矫健，方能指挥得洽，及时防范危险。[1]此外，担任交通警察一般还需任普通警察满足一定年限，且具有一定的经验技巧，即需要经过专门的交通警察科目训练。例如，南京市首都警察厅要求首都交通警察需从服务满一年的二等以上普通警士中选拔并进行专门训练，上海则要求更严，悉以干练之一等警士充任。

2. 训练机制

如上述，交通指挥是一项专业性较强的警务技能，因而担任交通警察，就必须接受专门的交通警察科目训练。南京国民政府时期，交通警察的训练由各主要城市公安局自主进行，并无统一的模式和规定。总结各地做法，大体上可分为"教练所统训"和"培训班专训"两种训练模式。前者由各都市所设的警士教练所在学警期间进行统一训练，后者则由各市公安局组织专门的培训班对普通警察进行交通管理方面的训练。前者还可以进一步分为，在教练所设置交通警察专班（专业）和设置交通警察课程两种模式。相较之下，在教练所设置专班是专业性最强的训练模式，广州即如此，类似于当前我国警察院校开设的交通管理专业。但在当时，一方面，南京国民政府财政十分吃紧，无力承担过多的警力开支；另一方面，国民政府认为过度专业化的交通管理既不必要，也浪费了警力资源，因而各地采用较多的是在警士教练所开设交通警察类课程（如青岛、汉口）或者从普通警察中挑选人员进行交通管理培训后上岗（如北平、上海）两种模式。

训练内容方面，各地也无统一教材，因此内容各异。但基本上以交通法规和交通整理方法（主要是交通指挥手势）为核心内容。

---

[1] 参见内政部警政司主编，刘垚、谈凤池编纂：《中国都市交通警察》，化国宇勘校，商务印书馆2018年版，第17、18页。

如首都交通警察厅交通警察训练内容包括交通整理原则、指挥方法、取缔事项及公众训练；北平市交通警察训练侧重于交通法令、警械使用方法、指挥手势及方法、交通繁杂处随机应变指挥的能力等方面。

由于各地交通警察训练自行其是，互不统一，1934年7月全国交通警察专员会议形成了决议，希冀通过统一教材（各地自行撰写由内政部统一审定）、统一训练模式（设置警察专班或补习班，设置办法统一由内政部定之）、普及实务训练（中枢机关随时派员对各地执行机构培训法规及指挥方法）等，造就一支训练有素的新式职业化交通警察队伍。

（四）逐步突出都市交通警察管理职责的专门性

交通管理在清末建警时并没有作为警察的一项重要职责，而是作为街面巡逻时的一项次要工作。在治安功能之外，几乎还要处理街面上一切有公共危害性的不良行为，如酗酒、赤膊、赌博、乞讨、乱倒垃圾等。交通管理逐步从一般警察行政中分离出来并成为警察的重要职责之一，是随交通发展尤其是汽车等新式交通工具的增多而形成的。北洋政府时期虽然各地也相继设立有交通警察，然而对交通管理的职责并未予以充分重视。国民政府建立之初，为整顿交通，南京特别市市长刘纪文就先后颁布《加派交通警察以利交通案》（1928年10月1日、1928年10月8日）、《整顿交通警察案》（1928年11月3日）和《津贴交通警察警饷案》（1929年1月19日）等指令[1]，进一步明确了交通警察身份和职责的专业性与特殊性，并指出"治安警察与交通警察，职务不同，识别亦当有异"[2]，规定了交通警察区别于一般警察的专门服制。各地方尤其是大都市也先后将交通管理作为警察的一项专门性的重要职责，开始对交通警察予以特殊重视。虽然认识到交通警察职责具有专门性，但基于

---

[1] 参见南京特别市市政府秘书处：《首都市政公报》1928年第22期；《首都市政公报》1928年第24期；《首都市政公报》1929年第29期。

[2] 南京特别市市政府秘书处：《首都市政公报》1928年第24期。

第二章 警察制度历史一瞥：南京国民政府前期都市交通警政研究（1927年～1937年）

种种原因，在交通警察职责配置上各地并未达致统一。职责配置可分为专务配置与非专务配置两种模式。南京、北平、汉口和广州均采用专务配置模式，在这些地方，无论是否设置专门的交通警察机关和编制，都会配置专门的警员执行交通管理职责，这些警员长期从事交通管理工作，相对固定，在执勤时间内，专任交通指挥和疏导事宜，不承担其他警察职责，除非附近有盗案、火警及其他重大事故发生，交警才负责处理。而非专务配置模式中，交通警察往往由普通行政警察轮岗兼任，人员并不固定，担负交通管理事宜的同时，也担负着治安巡逻等勤务。即便在特定地点交通要冲设有固定交通指挥岗位，也是由普通警察轮流站岗。青岛、上海、天津即采此种模式。[1]但需要说明的是，有些专务配置的都市，在交通警察警力不足或特定时间某些交通易拥堵地点（如上下学时间的中小学校校门口），也会临时安排普通警察管理交通，即以专务配置为主，非专务配置作为补充。应当说，两种配置模式均各有利弊。国民政府时期各市主要根据本地交通管理的实际需求和经费情况酌定。然而随着交通事业的发展，交通警察职业化应当是警政发展的基本趋势，因此专务配置模式更符合交通警政建设的未来潮流。但是专务配置需要较多的编制、经费和人员，这对于当时市政财政捉襟见肘的南京国民政府而言是非常不经济的。加上南京国民政府军事"围剿"吃紧，地方负担无形加重，更无钱粮可资。以上海为例，当时上海市公安局花名册上仅有4000名巡警，不仅要管理路面治安，还要承担繁重的政治镇压和打击黑社会犯罪的职责，面对这样大的一个都市，警力明显是不敷使用的，要从中抽离出专司交通管理的警察队伍，这几乎不可能做到。额外增招交通警察也不可行，这意味要增加在册警察人数，而上海财政长期赤字，维持如此规模的警力也已不堪重负，无法进一步增加。上海采取非专务配置的模式与此

---

[1] 参见内政部警政司主编，刘垚、谈凤池编纂：《中国都市交通警察》，化国宇勘校，商务印书馆2018年版，第28~31页。

不无关系。1934年全国交通警察专员会议上，由于各地交通发展及财政收入状况存在差异，因此并未要求一律采取专务制的要求，而是作了一个折衷性的决议：各地交通警察无论是否专务，都应在街市冲要处所设置固定交通岗位，并酌配交通巡逻以协助之，其他地方"如街市交通不感复杂，则普通警察即可当其任"[1]。

四、都市交通管理体制

国民政府通过划分道路功能、分类管理交通工具、制定交通指挥和秩序规则、确立事故处理制度、完善交通立法等措施，确立了比较系统的现代交通管理体制。这一系列努力，为都市交通警察的现代化运作提供了基本的场域和工具。

（一）都市道路功能划分

1895年，"江宁马路"作为南京历史上第一条马路在张之洞的主持下修筑完成，这成为南京古道改为现代道路的开始。此后经年，道路交通发展未有很大起色。国民政府定都南京后，才开启了道路修筑的高潮。涂文学等认为，国民政府在既要建设现代文明又要抵御外侮的情况下，为修道筑路塑造了一种政治化的特殊语境，将其与实现三民主义、革命需要联系到一起。[2]1928年南京市市长刘纪文将中山路的修建视为是"扫除封建工作"的开始，声称"大道成功，始完成总理民生主义中行的问题"[3]。过去的土路逐渐为弹石路、碎石路、柏油路所取代，道路的数量也越来越多。以南京为例，1927年至1937年间，共新修道路里程149.21公里，[4]道路标准的

---

〔1〕 内政部警政司主编，刘垚、谈凤池编纂：《中国都市交通警察》，化国宇勘校，商务印书馆2018年版，第27页。

〔2〕 参见涂文学、高路："民国时期'市政'与'国政'的纠缠"，载《江汉论坛》2013年第4期。

〔3〕 "中山路破土典礼志盛"，载《南京特别市政府公报》1928年第18期。

〔4〕 参见"十年来之南京市政建设——二十六年六月一日马市长在本府成立十周年纪念会报告"，载《南京市政府公报》1937年第178期。

提高加速了汽车的普及,从 1928 年到 1936 年,南京的汽车数量也从 114 辆猛增至 2119 辆。反过来,交通工具种类的多样化以及汽车等新式交通工具的普及,又进一步推动了车道划分制度的确立。基于交通便利和安全的需要,国民政府各都市开始普及人行道和车道的划分。人行道专供行人往来,禁止车辆驶入,同时对于人行道上占道经营、屠宰、斗殴等情况规定罚则。如《南京市陆上交通管理规则》就规定,对于十三种妨碍人行道交通的情形视情况处 1 元以上 5 元以下的罚金。虽然汽车等新式交通工具的普及,极大地便利了人们的出行,但由于私家车的昂贵和公共汽车线路有限,大量的传统交通工具如人力车、马车、轿车、大车、排车和手车等仍然活跃于道路之上。因此,各类速度不同、操作各异的交通工具混杂于路面,带来了极大的交通隐患。很多都市在道路功能划分时,不得不在人车分离之外,考虑车道本身的划分。为安全和便利,一些具有相当规模和地理空间的大都市如南京、北平、天津、广州等根据车速不同将主干道划分为电车、汽车行驶的快车道和马车、人力车行驶的慢车道。车道的布局大致以中央为快车道,两旁为慢车道,再两旁为人行道,[1]与今时之状况基本一致。交通法规明确规定在有车、马道划分的道路禁止马车、人力车等冲入汽车道以防危险。(《陆上交通管理规则》第 84 条)此外,当时很多路面已经设置"横断步道",即人行横道,以"指示徒步者安全横过车道之途径"[2]。安全岛、广场(交通环岛)、停车场等交通道路设施在各大都市也都已具备。以停车场的设置为例,南京国民政府禁止在停车场以外的地方停放,"停车法规既定,须牌示通衢,俾知遵守"。1927 年 12 月工务局函"公安局转饬全体岗警,凡市内所有车辆必须停放指定停车场

---

[1] 参见内政部警政司主编,刘垚、谈凤池编纂:《中国都市交通警察》,化国宇勘校,商务印书馆 2018 年版,第 39 页。

[2] 内政部警政司主编,刘垚、谈凤池编纂:《中国都市交通警察》,化国宇勘校,商务印书馆 2018 年版,第 40 页。

范围内，其非停车地点一律不许停放"[1]。由上可知，国民政府新式道路功能划分的基本制度已趋于完备，并且要求车辆依法遵循。

(二) 都市交通工具分类管理

城市交通工具种类繁杂，路上行驶的既有电车、汽车，也有马车、人力车、载重大车以及手车等。这种路面上的混杂的局面，使得道路险象环生，十分容易酿成事故。尤其是汽车和电车由于速度较快，且存在机械和技术问题而导致失控，交通事故发生的概率骤增。国民政府时期，各地交通法规基本上都将交通工具根据人力和机械之别，进行分类管理。相较于人力交通工具，汽车、电车等机械交通工具的管理更为严格。就汽车而言，各地都针对其建立了汽车检验制度、汽车登记制度以及司机考核与管理制度，并设立相应的实施机关，只有通过检验、登记以及考核并缴纳车捐等费用的汽车和司机才会发给执照，准许上路。但在1934年全国交通警察专员会议之前，上述管理权限多由工务局或公用局掌握，交通警察并无检查车辆和考核司机的权利，导致在实际交通管理中职权衔接不畅。"鉴于年来事实上之不便"，至会议召开才明确车辆登记管理及司机考核由交通警察负责。[2]再就电车而言，其管理不如汽车严格，主要原因在于电车有固定通行之轨道、数量较少且机械不易故障等。且电车管理以及电车司机考核主要由电车公司负责，交警部门主要制定电车上路时的行驶规则，以便于交通管理为原则。对于非机动车辆，地方交通法规也将其纳入管理，对登记检验、行驶规则、违章处罚予以分别规定。以《汉口市公安局取缔车辆罚则》的规定为例，该罚则对车辆种类划分极细，除将汽车分为贸易汽车、贸易运货汽车及其拖车、自用汽车、自用运货汽车及其拖车等类别并分别

---

[1] 南京特别市工务局编：《工务局年刊（十六年度）》，南京印书馆1928年版，第409页。

[2] 参见内政部警政司主编，刘垚、谈凤池编纂：《中国都市交通警察》，化国宇勘校，商务印书馆2018年版，第119页。

第二章　警察制度历史一瞥：南京国民政府前期都市交通警政研究（1927年～1937年）

规定不同处罚额度外，还将非机动车依照机器脚踏车及机器脚踏货车、马车、贸易人力车、自用人力车、大板车、小手车及小货车、脚踏车及其他车辆进行分类，对违反分类管理的行为予以轻重不同的科罚，其细致程度可见一斑。

（三）都市的交通秩序规则和交通指挥规则

国民政府时期，为了维护正常的都市交通秩序，各地基本上都制定了比较体系的交通秩序规则和交通指挥规则。

都市交通秩序规则方面，行车一般规则如靠左行驶、转弯方法、路口之注意、车速限制、避让与超车、停车、道路占用等方面均已形成。1934年内政部制定了《陆上交通管理规则》，其第四章和第五章分别针对行车和停车规则作了集中规定。其中还不乏一些较为细致的规定，如明确消防车、警备车等特殊车辆优先通过（第48条），"车辆掉头时，须在有警察指挥或行人稀少之处"（第54条），"车上喇叭警铃，非于必要时，不得频用"（第58条）等。对于违反交通秩序规则的行为，《陆上交通管理规则》并未统一规定罚则，而是按照市政自治的原则由各地警察机关自行规定。各地需根据情况以撤销执照、罚金及拘留等方式予以处置。交通秩序规则的健全和严格执行，确保了都市秩序得以建立，对于树立政府权威、强化城市治权具有十分重要的意义，提高了城市管理的现代化水平。同时，通过这种天长日久的秩序训练，外在规则逐步内化为市民的自觉行动，民众也从这一系列的权力运作中，培养起对民主、民权、法治、秩序等价值的尊重，促使了其从封建臣民向现代新公民的转变。而这种转变，又反过来推动了法治国和公民社会的建立。正如《中国都市交通警察》一书中所述，"吾人知世界交通秩序最佳之国……在表面上虽系由于警察技能之优秀，而实际则以英德人民均能严守纪律，尊重公共道德，为其主要原因耳"。[1]

---

〔1〕参见内政部警政司主编，刘垚、谈凤池编纂：《中国都市交通警察》，化国宇勘校，商务印书馆2018年版，第127页。

在交通指挥方面，国民政府前期，一些国家如美国、德国已经通过设立机械信号机或者信号灯塔进行指挥。我国当时除上海租界外尚不多见，各都市交通指挥普遍依靠警察手势。然而各都市交通警察所采用的指挥方法多属各行其是，尤其在指挥手势方面杂然不一，甚至在同一城市，也出现警士"训练多疏，手式极不一致"[1]的情况。这就导致不同地区往来车辆因不通异地交通指挥手势，徒增误会与风险。因此在全国交通警察会议上，统一手势几乎得到与会者的一致呼吁。各都市首先在本市对警察指挥手势进行统一和规范化。1932年，北平市公安局派员到天津英租界工部局学习交通警察指挥手式，并据此订立了交通警察指挥手式；1934年，又制定《北平市公安局管理交通规则》，在第7条规定了交通指挥的四种基本手式，并加强交通指挥训练，在统一全市指挥手势和指挥规范化方面取得了成效。鉴于各地均有统一指挥手势的意愿，内政部于1934年12月颁行的《陆上交通管理规则》第57条规定了统一的交通指挥手势，共计8种。这一举措对于改善都市交通、统一交通警政具有重要的意义。

(四) 交通事故统计

交通事故统计是在定性与定量相结合的基础上，科学表述交通管理工作最终成果的过程。国民政府时期，各地就已经建立起交通事故统计制度。"凡交通上一经发生事故，均向警察机关报告，其情节重大者，则专案办理，比较轻微事件，则汇案呈送。各地方警察机关即根据此种交通事故报告，制成交通事故统计表，更依科学方法分析综合，以求发现其中之共同倾向，俾得据以树立适当的整理方策，交通统计之目的与价值即在于此。"[2]国民政府时期，交

---

[1] 参见北平市政府公安局编：《北平市政府公安局业务报告（民国二十二年七月至二十三年六月止）》，1934年版，第180页。

[2] 内政部警政司主编，刘垚、谈凤池编纂：《中国都市交通警察》，化国宇勘校，商务印书馆2018年版，第135页。

第二章 警察制度历史一瞥：南京国民政府前期都市交通警政研究（1927年~1937年）

通事故报告书成为交通事故统计的主要来源，以期通过其统计结果而达成改进交通管理措施、预防交通事故发生的目的。如根据1933年南京市交通肇事统计，本年度共发生120次肇事，因驾驶不慎导致的事故有97次，占到80%以上，以此为依据采取相应措施应可在一定程度上减少交通肇事数量。因此，为保证报告书填写正确、中立，对涉及防止交通事故、保障交通安全的事项需详细填写。其资料一般要求由现场目睹事故的警察或最先到达现场调查的警察提供，当事人的陈述及对道旁观者的询问也可采用。报告书分为警察填写的事故报告书、汽车司机事故报告书以及学校提供的儿童事故报告书。交通报告书需呈送警察监督机关，并加以整理，制成月表，然后汇集一年12个月制成年表，据此以推知某月份或某年份发生事故之趋势。然而，交通事故的统计各地亦未能达致统一，因此据表分析单独一地的交通状况尚可，若综合比较多地区，则十分困难。直到1947年，国民政府内政部函发各省《肇事车辆处置注意事项》，规定将交通事故分为6种进行统计[1]，才提供了较为统一的标准。[2]但是在事故统计的具体项目上，各地仍难以达成一致，在统计表格样式方面也都有自己的标准。

五、交通法规的制定

中国制定交通法规的历史可以上溯至秦始皇"车同轨"，对全国车辆轴距作统一规定。但现代意义上的交通法的制定则是汽车等现代交通工具出现之后的事情。国民政府时期，随着交通发展，交通法规的制定从中央到地方蔚然成风，到1937年之前，中央和各大都市都已经制定了种类和层级均较为齐全的交通法规。

---

〔1〕 此6种交通事故分别为：（1）财产损坏轻微之交通事故；（2）财产损坏较重之交通事故；（3）财产损坏重大之交通事故；（4）人体损坏轻微之交通事故；（5）人体损坏较重之交通事故；（6）人命死亡之交通事故。

〔2〕 参见北京市地方志编纂委员会编著：《北京志·政法卷·公安志》，北京出版社2003年版，第437页。

▎警察的法理

行政法方面,南京国民政府承续了清末和北洋政府时期"违警"单独成律的传统,制定了《违警罚法》,并在第六章规定了妨害交通行为的处罚。同时,南京国民政府于1934年颁布了中国历史上第一部全国性交通法规《陆上交通管理规则》。该规则共11章103条,包括总则、车辆、车辆驾驶人、行车、停车、车辆载重、车辆肇事、道路、标志、牲畜及附则等。

刑事法方面,1935年制定的《中华民国刑法》将危害交通安全的行为列入第11章"公共危险罪"之中。从第173条至第185条,均是为保护交通安全法益而设定的犯罪,对以放火、爆炸、决水、损坏交通设施等手段致使公共交通陷入危险的行为处以重刑。

在效力层级上,除了有中央层面颁布的法律与部门规章,同时地方兼有实施细则性质的地方性法规。如《南京市陆上交通管理规则》《首都警察厅取缔车行营业规则》《北平市汽车管理规则》等。各层次的法律法规对不同交通主体的行进规则、交通工具运行和承载标准、车行营业、司机驾驶等方面作出了较为全面细致的规定,甚至有些地区就不同交通工具、管理事项均分别专门立法。这一时期,中央层次的交通法规定相对原则,将交通立法的部分权限授予地方,由地方政府或主管机关制定地方法规。这一方面是基于"市政自治"原则的考量,另一方面原因是各都市交通发展的水平和程度分殊明显,无法完全统一规则。由此也为地方交通立法提供了充分的空间。以青岛为例,当时该市与交通警察有关的各类法规有100多件,囊括法令、条例、办法、章程等不同的法律形式,涉及内容包括车辆管理、道路管理、行人安全、消防安全以及交通部门设置、各部门职能、权限、职员办事制度、奖惩机制等方面。[1]

---

[1] 参见刘春玲:"民国时期城市交通管理方略初探——以青岛为中心的考察",载《甘肃社会科学》2014年第6期。

六、南京国民政府时期交通警政发展的原因

南京国民政府时期交通警政之所以获得了较大发展,既有交通现代化这一客观因素的推动,也是国民政府自身主观努力的结果。究其原因,主要可以归结为以下几点:

(一)交通整饬之需要

早在19世纪80年代,以上海为代表的开埠口岸城市交通就已十分发达。一方面,租界通过增辟、拓宽、越界延长、取直等手段,修建了大量现代城市马路;另一方面,由外洋引入的新式交通工具如汽车、电车等日渐增多。进入民国之后,旧式交通工具如轿、牛、马逐步被人力车、马车和汽车所取代。到了国民政府时期,随着经济的开放和发展,以及城市化带来的人口集聚,在一些大城市出现了交通拥堵的状况,并且交通事故频发。就北平来看,北洋政府时期就有汽车"盛行道途"[1]、人力车"填街塞巷"[2]的记载,而到1939年,北平共有手推车6335辆,畜力车5255辆,脚踏车108 648辆,汽车2890辆,人力车37 036辆,[3]交通状况已经迫切需要整饬。上海则更甚,20世纪初,人力车已成为上海滩最主要的交通工具,公共租界每5人就有1部人力车,法租界每2人就有1部人力车。1934年,上海全市人力车工人为78 630人,人力车20 596辆。而汽车数量也逐年增加,从1901年上海发出中国有史以来第一张汽车照会起,到1947年年底,上海全市机动车数量达到26 800辆。[4]

而交通拥堵并不是最坏的结果,随之带来的是交通事故频发。

---

[1] "人力车增加之观察",载《晨报》1916年8月20日。

[2] "内务部呈遵谕呈明饬厅取缔汽车情形谨将现定管理规则缮单呈请鉴示文",载《政府公报》第1226号,1915年10月6日。

[3] 参见北京市地方志编纂委员会编者:《北京志·市政卷·道路交通管理志》,北京出版社2000年版,第259页。

[4] 参见上海市公安局史志办公室编、黄臻睿执编:《海上警察百年印象》,同济大学出版社2014年版,第308~309页、第313页。

据当时上海《申报》报道,1929年6月一个月间,上海公共租界巡捕房处理了803件马路交通事故,有10人死亡,252人受伤;7月,在租界内平均每24小时发生27起交通事故。故中国史研究者魏斐德称"20世纪20年代,上海市区道路变得险象环生"。他还引用一位观察家评论:交通事故成为当时上海除绑票和持械抢劫外的另一种威胁。[1]

交通欠缺整顿,还引发了其他的负面效应。以人力车管理为例,由于早期缺乏对人力车的数量管理,人力车夫资质门槛过低,导致大量农村人口涌入城市从事拉车营生,成为城市流民,带来一系列人道主义和社会治安问题。严昌洪的研究表明,民国时期人力车夫生存环境恶劣,在城市的周边形成了贫民棚户区;车夫健康状况不佳且工作强度大,倒毙路上的事情时有发生;人力车运营价格缺乏规范,存在以各种借口多索车资的市场失序问题;人力车夫中沾染不正当嗜好比例较高,常发生酗酒滋事、坑蒙拐骗获取资财的治安犯罪案件;人力车发展无度,缺乏规划,带来了与马车、汽车和电车之间的恶性竞争,由此导致车夫罢工和骚乱等。[2]

基于以上情形,整饬交通,发展交通警察就成为客观的必然要求。

(二)重塑政治秩序的重要步骤

1927年南京国民政府成立后,在形式上统一了全国。彼时"首要的问题不是自由,而是建立一个合法的公共秩序""必须先存在权威",[3]因此推动国家公共秩序重建成为首要任务。国民政府"城市中心主义"的治理策略使得这一运动首先在城市展开。共和

---

[1] 参见[美]魏斐德:《上海警察:1927-1937》,章红等译,人民出版社2011年版,第86~87页。

[2] 参见严昌洪:"马路上的对抗——民国时期人力车夫管理问题透视",载《湖北大学学报(哲学社会科学版)》2010年第2期。

[3] 参见[美]塞缪尔·P. 亨廷顿:《变化社会中的政治秩序》,王冠华等译,上海人民出版社2008年版,第6页。

第二章 警察制度历史一瞥：南京国民政府前期都市交通警政研究（1927年~1937年）

政府要树立权威，证成其政权的正当性，必须证明它能够实现中国的国治与国强，故而在都市中恢复社会秩序，建立由政府权力支配下城市管理秩序，就成为强化国家政权的重要步骤。[1]警察"介于政府人民之间的桥梁，其表现之良否，足以代表政治之良窳，亦政府控制人民与社会治安之工具"。[2]担任过国民政府上海市警察局局长的宣铁吾就声称："警察形成了维护社会安定的最基层组织。社会安定与秩序的维持完全依靠警察"[3]。因而建设一支现代化的警察力量，成为实现现代政治控制的基本方面。

在当时，都市治理莫急于卫生、交通、治安，此为最显明处，是城市的面子和形象。1936年8月北平市公安局出版发行的《交通警察学》一书中，明确指出城市交通管理的重要意义："衣食住行，为人生要素，行者何，交通之谓也，行之一事，又为人生要素中之要素，盖以衣食住三项，多赖行以完成之……都市问题之中心，而负有整理交通职责之警士，应如何保护交通，防止事故，要不可不充分注意。"[4]故而交通警政的建设很快被国民政府提上日程。由于各大都市在交通警政建设方面步调并不统一，各自都有一套根据本市具体状况而设置的交通警察体系。早在1934年7月，为进一步统一交通警政，全国交通警察专员会议作出决议，各都市警察教育机关内应依法设置交通警察专班或补习班，以培养专门人才，并决定统一全国交通警察的服制，统一编定交通警察专用教材，统一交通警察的设岗标准，统一全国交通规则。[5]同年12月内政部出台

---

[1] 参见吴冰清："南京国民政府时期武汉警政专业化进程探析（1927-1937）"，载《民国档案》2010年第3期。

[2] 参见佚名："社会控制与警察之关系"，载《上海警察》1948年第5期。

[3] 宣铁吾："认识警察"，载《上海警察》1946年第1期。

[4] 北京市地方志编纂委员会编著：《北京志·市政卷·道路交通管理志》，北京出版社2000年版，第2页。

[5] 参见韩延龙等：《中国近代警察史》（下册），社会科学文献出版社2000年版，第667页。

了《陆上交通管理规则》,该规则对道路、车辆、车辆通行、车辆载重、交通警察指挥手势、交通标志标线等的规定已经十分完备。在中央政府的督促之下,各地公安局相继采取措施贯彻执行会议精神,如广州市到这一年就设置了交警岗位105个,交通警察人数达到315人。[1]全国主要城市交通警政的统一,是城市公共秩序塑造成果的重要外在展示,以试图对内外证明共和的中国"能够着手组织与世界上最有效和最先进的警察力量相媲美的机构"。[2]

交通警察在城市的执法活动,囊括了福柯意义上的"层级监视""检查""规范化裁决"等规训手段,甚至十字路口交通岗亭的设置也是"全景敞视建筑",便于观察一切违反交通规则的活动。[3]交通警察通过直接或间接的强制,对公民进行规训,在表象上体现了对混乱秩序的恢复,象征着国家权力的有效性,为国民政府的权威提供着正当化论证。城市空间不仅是承载权力场域,也是知识体系生产的场域。[4]交通警察路面上的执法还是一种"仪式化的符码灌输",借助交通规则的宣传以及向路人公开的规训与惩罚的个案,生产出了现代公民的公共意识和法治观念的新知识,灌输到共和政权治下的市民阶层的头脑中。因而在新的政治秩序再造方面,交通警察无疑起到了相当的作用。

(三) 收回国家利权之手段

早在清末警政初创时上层人士曾设想通过警政收回主权。韩延龙、苏亦工指出,[5]正如沈家本等人试图通过司法制度的改革,收

---

[1] 参见何苹:"二十三年度广东省会公安概况",载《警察杂志》1934年第3期。

[2] 参见[美]魏斐德:《上海警察:1927-1937》,章红等译,人民出版社2011年版,第72页。

[3] 参见[法]米歇尔·福柯:《规训与惩罚:监狱的诞生》,刘北成、杨远婴译,生活·读书·新知三联书店2012年版,第193~256页。

[4] 参见陈蕴茜:"城市空间重构与现代知识体系的生产——以清末民国南京城为中心的考察",载《学术月刊》2008年第12期。

[5] 参见韩延龙等:《中国近代警察史》(上册),社会科学文献出版社2000年版,第56页。

第二章 警察制度历史一瞥：南京国民政府前期都市交通警政研究（1927年~1937年）

回领事裁判权一样，一些警政大员也试图通过举办警政，收回租界内的警察权。1911年1月16日发行的《直隶警察杂志》上就提到"兹闻民政部肃邸以我国警察现在提前筹办，所有租界警察权限自应交还中国，选派深明警律各高等警察队自行管理，担负保护之责，以谋公益而挽主权"。[1]

南京国民政府成立之后，把国家独立统一作为政治目标，开始了收回租界和租借地、废除治外法权的运动，期待通过这一新姿态来赢得民心。在国民政府看来，除了通过外交途径与列强谈判之外，在华人治理的城区内证明法治的效力也是废除治外法权的必要步骤。因此，1927年7月7日新成立的上海特别市市政府就强调了市政府要"为最终收回租界铺平道路"，并且将实施和保障"公安"作为头等大事，以向世界证明中国人应恢复对外国租界的治权。[2]同时，警察权是规范社会秩序的重要权能，也是国家主权的重要内容，因而其行使就构成了彰显主权归属的重要表征。在南京国民政府建立前后，相继收回了汉口、天津、厦门等地的外国租界。在这些地区尽快由中国警察机构接管是国民政府宣示主权的重要方式。而在尚未收回租界的城市，这种警权的争夺也一直在上演。由于租界和华界的分治外显于路面，对路权的争夺成了警权乃至司法管辖权争夺的重要组成部分。而对于在租界居住的外国人而言，马车和汽车自清末起就是其出行的主要交通工具，甚至租界当局专为此规定了西人车辆优先通行的特权。[3]由于在交通管理上存在华洋不平

---

[1] 参见韩延龙等：《中国近代警察史》（上册），社会科学文献出版社2000年版，第56~57页。

[2] 参见[美]魏斐德：《上海警察：1927-1937》，章红等译，人民出版社2011年版，第15页。

[3] 胡适先生的族叔胡祥翰是一位"上海通"，在其所著《上海小志》中记载"凡马车之驰于道中，乘车者为西人，始可超前行之车而过之；若为华人，所乘故不能超西人之车，否则拘罚不贷"，参见胡祥翰等：《上海小志》，上海古籍出版社1989年版，第14页。

警察的法理

等的现象,涉及西人冲撞中国人的交通事故就特别受到舆论关注。尤其是西人肇事若得治外法权之庇护,则民众更为不满。民国政府建立后,在有外国租界的大都市里,设置了比较健全的警察机构。由于这些城市警力比较集中和充足,因而在这些地方均不同程度地强化了中国官方交通警察权的存在。通过加强交通法规立法,并强化交通警察执法队伍,强化了交通警察权在租界外包括租界越界所筑路面的控制。同时交通警察对于外国人的交通违法行为也一律按照交通法规进行处罚。以上的措施对宣示主权和排除治外法权,具有重要意义。因而交通警察在收回租界过程中扮演着较为关键和特殊的角色。

以上海为例,交通警察的管理与争夺治权之间的联系十分明显。1927年国民党接管上海后,被国民政府升格为特别市,使其有了中国"第二首都"之称,也因此成为最需要和最能体现新政权的统治要求和统治力量的城市。[1]新的上海市政府方面认为,公安局收回界外马路"警权"的努力事关"国权"[2],于是在1927年10月收回了处于租界控制下西郊虹桥路的"警权",并不顾外国军队和警察反对,开始对整条虹桥路实施巡逻。而另一方面,租界也确实感受到了来自交通管理方面的警权压力。当时上海市连续颁布交通法规,严格交通管理,处罚违反交通法规的外国人,并且阻止和扣留没有证件进入华界的租界汽车等一系列行为,使得主要使用汽车出行的外国人感觉到交通警察的管理是"新的国民党上海市政府恶意排外运动的一部分……以达到将他们彻底赶出租界的目的"。美国公使馆在给国务卿的报告中写道:"当地中国的警察执行交通法规时显然有尽可能使外国人出丑的动机"[3]。正是在这种需要之下,

---

[1] 参见上海市公安局史志办公室编,黄臻睿执编:《海上警察百年印象(1843—1949)》,同济大学出版社2014年版,第71页。

[2] [美]魏斐德:《上海警察:1927—1937》,章红等译,人民出版社2011年版,第81页。

[3] [美]魏斐德:《上海警察:1927—1937)》,章红等译,人民出版社2011年版,第87页。

上海、汉口、广州等大城市的道路交通状况有了明显改善，交通信号系统和成套的交通规则也建立起来了。

七、结语

中国警政是在半殖民地的背景下，在新旧制度和东西方文化的激烈碰撞中逐步成长起来的。西方帝国主义曾深信，中国人不愿或不能有效地实施社会管理。[1]故伦敦泰晤士报尝论中国之混乱治理，谓"中国之官，早无保安之能力与志愿，唯一补救方法，在扩张客卿制，以有训练之外人供中政府之雇佣……今宜发端警政，外人所督率之警察，当必有可惊之成绩，以保中外人之安宁"。[2]建成现代警察对于中国建设现代城市乃至现代国家而言十分重要，因而是旧邦新造的必要节点。国民政府希冀通过在交通警政方面的努力，证明其有能力治理好大城市，进而治理好中国这样一个庞大的国家，继此对民众的革命期待和帝国主义的殖民论调有所回应，为其树立执政权威及收回治外法权提供强有力的支撑。[3]客观上，交通警察在对外争取租界路权的过程中，发挥了一定的积极作用。国民政府建设交通警政过程中的尝试一定程度上为新中国成立后大城市交通警政建设积累了地方性经验，也加快了中国市民阶层现代交通中公共和法治观念的普及，形塑了城市交通秩序，从而推动了中国城市的现代化进程。然而，国民政府在城市推行的交通警政并没有取得彻底成功，这固然是受到国家财政、外国干预等各方面客观条件的制约，但与国民政府的统治策略和吏治腐败也有莫大的关联。国民政府对内利用警察机构实施独裁，暴力打压中共和其他政治力

---

[1] 参见[美]魏斐德：《上海警察：1927-1937》，章红等译，人民出版社2011年版，第90页。
[2] 参见李万里：《李万里考察日本警察实录》，南通通新印刷有限公司1923年版，陈葆初先生序。
[3] 参见[美]魏斐德：《上海警察：1927-1937》，章红等译，人民出版社2011年版，第3页。

量,导致警察法西斯化;要求建警服从建军,[1]军警不分,交通警察素质低下,贪污腐败[2]、欺民扰民、知法犯法现象十分普遍,极大地损害了交通警察和城市法治的权威。到南京国民政府统治后期,交通警察发展为一个大警种,既隶属于交通部,又在必要时受国防部指挥,以执行军事警备和护卫任务,甚至被投入各大战场参加反共内战。随着政权倒台,其交通警政也宣告完结。

(原载《公安学研究》2019年第2期)

---

[1] 南京国民政府将警察机关作为安插闲余军人的主要场所,据1934年国民政府内政部的统计,各省市警察官吏中,军人出身的占20%左右。韩延龙和苏亦工认为,这一统计较为粗糙,军人在警队中的占比仍然被低估了,军人出身的警察至少占警察总数的1/3,而这种的方针,大大阻碍了警察素质的提高。参见内政部年鉴编纂委员会编:《内政年鉴(二)》,中国社会科学院法学所藏本,第48页,以及韩延龙等:《中国近代警察史》(下册),社会科学文献出版社2000年版,第539页。

[2] 参见周阿求:"民国后期警治腐败与警治松弛的碎片化考论——以上海摊贩档案为考查对象",载《山东警察学院学报》2016年第2期。

第三章 警察法治教育

一、公安院校法学教育的特色与目标

公安高等教育和公安民警培训始终离不开对法律法学知识的学习和教育，特别是与公安机关执法相关的法律的学习教育，法律和法学知识是公安高等教育和培训内容的重要组成部分，在依法治国、全面建设法治社会的今天，公安机关和公安民警的执法办案能力和水平直接影响到依法治国和全面建设法治国家战略的实施，公安机关和公安民警处于执法的第一线，在法律诉讼程序过程中位于第一环节，具有先导基础性，要提高公安机关和公安民警的执法质量和能力水平，向法学法律教育培训要素质、要质量、要水平，向法学法律教育培训要执法战斗力。公安院校担负着对公安民警进行法律法学知识教育培训的重任，责无旁贷。[1]

（一）公安院校法学教育的培养特色

公安院校法学教育培养的法治人才具有十分鲜明的特色。

首先，公安院校法学教育以培养公安法治人才为目标。与国内普通高校相比，公安院校在法律人才培养目标方面的定位更加清晰。普通院校培养的法律人才是通识型的法律人，以后可能从事法官、律师、检察官、公证员以及公司法务等法律职业。公安院校属于行

---

[1] 参见程琳：“在第六届全国公安院校警察法学教育论坛上的致辞”，载 http://www.cspl.org.cn/detail.aspx?nid=287&id=4609，最后访问时间：2017 年 8 月 26 日。

业大学的范畴。行业大学是以培养专门的行业技术人才为目标的，公安院校所培养法律人才也将是为公安事业服务的。同时，与英美法系国家警察院校仅负责职业培训，由普通大学负责学历教育的培养模式不同，我国警察的学历教育主要是在公安院校内部展开的，而普通大学的学历教育只是起到补充和辅助作用。公安行业所需的专门法律人才主要来源于公安院校，警察法学教育也是以培养公安法治人才为目标。

其次，公安院校法学教育强调培养忠诚警魂的政治本色及从警职业素养。对公安队伍来说，铸就忠诚警魂、锻造服务人民的职业素养是警校在培养中不同于其他普通院校的特色。在当代中国，忠诚是卓越公安法律人才第一位的政治品格。忠诚就是要忠于党、忠于国家、忠于人民、忠于法律。公安队伍发挥着维护社会治安，保障社会秩序有条不紊的作用，只有做到忠诚于党和人民，广大公安干警才能兢兢业业地履行好自己的职责，不折不扣地执行法律。同时，良好的从警职业素养也是卓越公安法律人才所不可或缺的。从广义上讲，忠诚的政治品格也是从警职业素养的重要组成部分。此外，从警职业素养除专业技能外还包括体能素质、仪态形象与从业伦理。公安作为维护社会和谐稳定的一线力量，承担着保卫人民的人身财产安全的重担，随时需要与犯罪分子进行体能较量，有时甚至会面临人身危险，其良好的体能素质、庄重的仪态形象是人民群众的社会安全感的重要来源，也是执法权威的重要保障。而警察职业伦理则是实现执法正确、公平和公正的重要保证。

最后，公安院校法学教育的人才培养具有公安应用型特色。由于公安职业的特殊性，民警经常面临的是执法一线的具体问题，而非抽象的理论问题，单一的法学理论教学很难满足当前公安实战的需要。因此，公安院校法学教育必须将法学培养与公安职业相结合，打造面向公安职业的实践型法学教育。警察法学人才既要具有较高的法律素养，又要具有较高公安业务素质实战能力。

（二）公安院校法学教育的培养目标

人民警察执法具有先导基础性、武装强制性、涉及法律面广、人员范围大、危险性时效性强、社会影响大、对执法者素质要求高、适时有效性等特点。因此，公安院校法学教育培养的本科毕业生必须能够在执法活动中熟练运用法律法规，对办理的行政、刑事案件进行审核把关，能够以警察身份出庭作证、辩护。硕士、博士研究生除了能够服务警察法治实践以外，还应能够从事法学研究和教学工作。警察法学教育的基本目标可以总结为培养学生的"四种"能力。

1. 全面掌握运用警察法学基础理论知识的能力

作为公安院校教育重要组成部分的警察法学教育对于广大公安民警执法素质的提高有着不可替代的作用。公安民警无论是代表国家行使公安行政职权还是刑事司法职权，在依法治国的今天，都要严格依据法律规定进行，做到依法行政和依法司法。随着社会民众维权意识和程序意识的觉醒，警察权力时刻面临法律的实体和程序的监督，警察执法的合法性很大程度上反映了广大公安民警的执法素质、执法能力、执法水平，影响着人民警察在人民群众中的形象和权威。

公安院校法学教育是基于警察职业与法学教育相结合而形成的为公安实战服务的特殊的法学教育，其课程涉及的范围十分广泛，涵盖了与警务活动相关的所有法律，包括但不限于刑事侦查制度、治安法、交通法、户籍法、外事法、警察司法程序等。某种意义而言，警察法律课程对其他警察专业课程具有普适性和本源性，全面掌握和运用警察法学基础理论知识，有利于公安专业知识的理解和应用。[1]全面掌握和运用警察法学基础理论知识是从事警察理论研究和公安实战工作的前提。

---

〔1〕 参见张洪波、周宁："公安院校法律课程的设置与革新"，载《云南警官学院学报》2010年第5期。

2. 案件依法审核把关的能力

警察法学人才一部分会直接进入执法岗位从事执法活动，还有很大一部分将进入公安法制部门成为法制民警，主要负责公安机关所办各类案件的审核把关，提高公安机关的执法质量。通过案件审核，最终达到案件事实清楚、证据确实充分、定性准确、量处适当、依据正确、程序合法，实现真正的公平正义。执法办案的质量是公安机关工作的生命线，执法办案质量差，就容易导致错案、冤案，影响人民群众的直接权益，所以公安机关的"质检员"就必须把好案件的质量关，从法律规范方面对案件进行全方位的审查，将规范执法落实到每一起案件办理，每一个执法环节，让案件经得起时间和法律的检验。相比于普通民警，法制民警在法律法规的理解适用、执法侦查程序和证据搜集的合法性以及法律文书的规范性方面都应具备更强的法律素养和把控能力。

公安院校在教学实践过程中，要培养学生在审核案件过程中树立三个重要意识：第一，证据意识。证据是指可以用于证明案件事实的材料。证据意识是指人们对证据存在的认识活动现象的总称。我们办理的案件都是发生过的事情，发现犯罪事实仅是公安机关立案调查的第一步，公安机关侦查的目的是要通过证据来科学、客观地反映犯罪事实。所以，在审核案件时要把证据放在首位，通过审核搜集的证据，确定其能否证明犯罪事实的发生，能否达到案件事实清楚、证据确实充分的程度；而对证据不能证实的违法犯罪行为，不能予以认定处理；同时对非法证据要予以排除。第二，程序意识。公安机关办理案件不仅要做到实体公正，更要注重程序公正。公安民警在审核案件时要牢固树立程序意识，要注意案件是否符合《公安机关办理刑事案件程序规定》《公安机关办理行政案件程序规定》，能当场纠正的予以当场纠正整改，不能当场纠正的要采取补救措施，符合程序规定时才能予以审批。第三，责任意识。公安民警审核案件时要站在嫌疑人和办案民警的双重立场上，增强责任意识，在违法犯罪事实认定的审核上绝不马虎，严格依照法律规定来定性处罚；而对于一些事后可以补充的事项，则可以在采取措施后要求办案民警予以补充，兼顾嫌疑人和办案民警的实际情况，为案件办理提供服务。

3. 良好的法庭辩论的能力

对于公安机关而言，在依法治国的背景下，一切国家权力都要依法运行，警察权力必然要依宪法、法律行使。随着法治建设的深入，公民的法律意识不断增强，行政诉讼类案件日益增加，对公安机关具体行政行为提起的公安行政诉讼案件也在不断增加。这对公安民警提出了新的要求和挑战。同时，2012年《刑事诉讼法》修正后，确立了警察出庭作证制度，出庭作证逐渐成为警察日常功课中的重要一项。在以往的刑事诉讼过程中，公安机关的活动一般以侦查终结为终点，而如今，民警在刑事诉讼活动中所承担的职责延续到了法庭上，在侦查阶段获取的证据要经受来自法官和被告人及其辩护律师的质询、审查和评判。

法庭辩论是法庭审理的重要环节，优质的辩论是充分论证公安机关具体行政行为具有合法性、维护当事人合法权益、维护公安机关依法行使行政职权的重要工具。警察出庭应诉和作证，必须熟悉相关的司法程序，具备一定的法庭应诉和作证技巧，从而能够配合法院更好地查清案件事实。公安院校在警察法学教育当中，应当着重培养学生具备法庭辩论的能力，通过开设模拟法庭、法律实训等相关课程，加强实践性教学，切实提高公安院校学生的实践能力。在日常教学过程中，应注意研究、掌握行政诉讼法庭辩论的目的和规律，拟定辩论的内容和策略，并在辩论中加以运用，以取得良好的辩论效果，达到既实现诉讼请求，又使对方受到法制教育的目的。

4. 具有较高的法律文书写作的能力

法律文书写作是一门实践性很强的课程。它是具体实施法律的工具，是运用法律处理各种诉讼案件或非诉讼事务的文字凭证。[1]法律文书制作质量的高低，直接影响到法律的正确实施。对于公安机关而言，公安文书是公安机关在执行公务活动中，依照法定程序和规范体式制作和使用的书面材料。公安机关的公务活动既包括依法对自身进行管理和对外联系，也包括依法对社会治安进行管理，惩治违法犯罪活动，[2]这些活动与法律文书的写作密切相关。

因此，公安院校在法律文书写作教学过程中，需采用恰当的教学方法推进课程的教学改革，切实有效地提高公安院校学生的法律文书写作能力，特别是公安文书的写作，使学生能够真正成为适用法律工作需要的应用型人才，进一步发挥法律文书服务于法律的工具作用。

通过"四种"能力的培养，既体现公安院校法学学科专业特色性、实践性和应用性，又提高了学生的实战能力和水平，将理论性与实践性紧密地结合在一起。

二、公安院校警察法学专业的课程设置

课程，又称为教学科目或学科，是指教学内容按一定的程序组织起来的系统，是教学内容及其进程的总和。[3]课程设置是指，在既定的教育目标的指导下，学校或相关教育主管部门根据学生、社会和学科发展的需要，规定教学科目和教学进程的总和。课程设置不仅把各科教学内容的进度变成便于教学的体系，而且是培养人的蓝图。[4]课程设置是人才培养目标的具体体现，对警察法学教育而

---

〔1〕 参见玉梅："司法文书案例教学探析"，载《广西政法管理干部学院学报》2001年第3期。

〔2〕 参见刘跃敏："公安文书写作规律与技巧研究"，载《政法学刊》2012年第4期。

〔3〕 参见潘懋元主编：《高等教育学》（上），人民教育出版社、福建教育出版社1984年版，第197页。

〔4〕 参见南京师范大学教育系编：《教育学》，人民教育出版社1984年版，第416页。

言，合理的课程设置与安排决定着警察专业人才的知识水平、基本能力和综合素质。

警察是我国的主要执法力量之一，在维护社会秩序，预防和惩治犯罪等方面发挥着重要的作用。警察职业的特殊地位决定了公安院校法学人才培养既要具备良好的法学理论功底，也要立足于实践的现实性需求。在实践中，警察法学人才培养不仅要具备扎实的政治理论水平，还要通晓各种应用法律和公安业务，并掌握警察基本技能。一般而言，警察在执行维护社会秩序、打击违法犯罪等职能时，离不开诸如宪法、刑法、刑事诉讼法、行政法、行政诉讼法、民法、民事诉讼法、经济法、人民警察法等法律的运用和实施。因此，在警察法学教育课程设置上，要合理安排设置专业课程，培养学生的执法理念，使其养成严谨、慎行的法律操守。

目前，我国公安院校根据需要开设了警察法专业或公安法制专业（方向），专门培养公安法制人才，对该专业学生开展公安特色法学教育。警察法学专业课程一般分为专业课程和通识课程。

(一) 专业课程设置

就专业课程设置来看，公安院校警察法学专业课程一般包括法学核心课程和公安专业基础课程，譬如公安学基础理论、治安管理学、刑事侦查学、查缉战术等。这实际上是法学专业和公安专业的课程综合，导致学生需要学习的课程门类非常多，课时量相较于普通高校的法科生也大很多。但此类课程设置模式是当前公安院校采用的主要方式之一，相对而言已经安排较为合理。但是，问题也十分明显：第一，课程门数增加，导致每门课课时压缩，在课程讲解的深度和广度方面将会大打折扣，有学生认为大量课程的讲授不够深入，浅尝辄止；第二，法学专业的通识课程偏多，直接涉及公安执法的课程偏少。警察法学专业课程除了公安学基础课程之外，按照教育部的要求，法学核心课程仍然要开设，此外还包括涉及公安学的专业必修课，这些课程的设置虽在一定程度上拓宽了学生的知识面,但是,从另一角度来看,警察法学的专业性和特色并未得到凸显,就是普通高校法学教育和公安院校公安教育的简单相加。由于课程门数多,每门课程在规定的学时内,难以保证教师彻底、全面地讲解全部的课程内容,也难以保证学生在有限的时间内掌握各类法律应用,反而达不到应有效果。公安院校法学专业课设置之所以出现上述问题,与以下几方面原因直接相关。

1. 警察法学的基本学科体系尚未建立

警察法学是以警察法律、法规和公安工作实践为研究对象的一门独立的法律科学。[1] 警察法学专业的法学课程设置应围绕警察法学学科体系进行,而非照搬普通院校的课程体系。因此,相对完整、统一的警察法学体系有助于提高警察法学专业教学的针对性和课程设置的科学性水平。目前,我国的警察法学研究尚处于初创阶段,学科体系尚未完全建立起来,各公安院校根据自己对警察法学的理解开设相应的课程,互不统一,达不到实现标准化教育的要求。

2. 基本概念认识不统一

当前,学术界对于警察法学理论和实践中出现的问题没有形成统一的看法和认识。比如在警察法基础理论研究中,尽管近年来学界对于警察法理论中诸多根本性问题进行了探讨,但目前仍然存在着许多尚未明确和统一的认识,譬如,警察权的概念、警察法在法律体系中的地位、警察法与行政法的关系等。由于警察法学的研究对象广泛,研究认识不统一,导致学者对警察法的"共性"把握不够,严重制约警察法学研究的发展。

3. 教学组织及实施不一致

目前针对公安院校法学的课程设置没有全国统一的教学指导机构,国内各公安院校在组织及实施法学专业课的教学过程中存在着诸多的不一致。主要表现在学时、开课时间、课程归类以及课程比

---

[1] 参见李元起、师维主编:《警察法通论》,中国人民大学出版社2013年版,第32页。

重等方面的差异。

(二) 通识课程设置

警察法学专业在贯彻落实教育部规定的《思想道德修养与法律基础》课程的基础上，可以根据本校的专业设置和法学师资情况，开设通识课程。

长期以来，法学专业的通识课程实施过程中的主要问题就是其地位相对不高，重视程度不够，课程体系设计不科学，以至于高校师生对通识课程存在误解。在学生的眼中，通识课程成为"老师随便讲讲，学生随便听听，轻松拿到学分"的一门"业余"课程。但是，从长远来看，法学通识课程不仅在培养法学通识人才方面发挥重要作用，而且对培养警察法学人才意义重大。教育部在《普通高等学校本科专业目录和专业介绍（2012年）》一书中指出，法学学生需要德、智、体、美全面发展，掌握马克思主义基本原理，达到较高的外语水平，具有创新精神和较强创新能力，而这些都需要通过以通识课程为载体的通识教育得以实现。警察法学专业人才的培养，也需要通过通识教育防止学生知识结构过度专业化和单一化。

总体而言，通识课程在警察法学人才培养中主要具有以下几个方面的重要意义：第一，通识课程能培养学生的法律职业道德。通识课程中的思想政治教育公共课[1]对警察院校学生的价值观、人生观、世界观的养成起到了潜移默化的作用，对培育法律职业群体的综合素养具有积极作用。第二，通识课程能够强化学生的法律思维能力。马克思主义哲学、逻辑学、数学等通识课程对法律思维能力的养成具有非常重要的意义。例如，马克思主义哲学分析问题、解决问题的方式方法对于法律职业人分析案件、解决问题具有重要的指导意义；再如，数学、逻辑学对学生抽象思维能力的训练非常

---

[1] 思想政治教育公共课程主要包括《思想道德修养与法律基础》《马克思主义基本原理概论》《中国近现代史纲要》《毛泽东思想和中国特色社会主义理论体系概论》。

有价值。[1]第三，通识课程有助于学生锻炼健康体魄。体育课是我国高等院校典型的通识课程，在警察院校主要体现为警体课程。通过基础体育、擒敌、射击等项目的学习，在培养学生健康体魄的同时掌握必要的警体技能。这样才能适应警察工作的压力和强度，使人民群众获得社会安全感，树立执法权威。

在通识课的设置方面，应与公安院校的特色和强项学科相结合，增设特色类通识课程。很多高校在培养"复合型"法律人才时立足于自身特色来设计课程。例如，许多理工高校都以知识产权法、科技法作为其法学特色优势的依托，农业院校中的法学专业则以农业法为依托等。同理，警察法学专业应适当设置具有公安学和公安技术学特色的通识课课程，在培养学生学习兴趣、优化课程结构的同时，提高预备警官法律综合素养，提升执法规范化建设水平，适应公安法制事业对人才的实际需求。

通识课还应包括法庭辩论技巧和法律文书写作课程。警察法学专业应培养学生出庭辩论的能力和法律文书写作能力，因此法庭辩论技巧和法律文书写作应纳入通识课程。法庭辩论技巧是法科生必须掌握的实践性课程，任何法律职业都有可能在法律谈判和出庭应诉中运用。在警察出庭应诉、作证成为常态的法治背景下，开设法庭辩论技巧课程、掌握法庭沟通的技巧和策略，是十分必要的。法律文书写作是法律专业人员履行其职责的一种重要书面表达形式，是国家执法权和司法权的重要体现，也是法律专业人员必须掌握的重要技能。公安法律文书主要包括受理案件登记表、立案报告、破案报告、提请批准逮捕书、起诉意见书、现场勘查笔录、其他笔录。随着法治公安建设的不断推进，警务工作对公文和法律文书的专业性和规范性的要求越来越高。服务于公安法治事业的警察法学人才，熟练运用公文和法律文书属于必备技能。在通识课阶段掌握了应用

---

[1] 参见李遐桢："卓越法律人才培养下的通识课程设置"，载《教育与职业》2014年第35期。

文写作和法律文书写作，有利于警察法学人才与实践需求接轨，快速适应公安法制工作。

此外，公安院校应当有计划、有目的地增设通识选修课课程，构建通识选修课课程群，不同领域的课程数量之间应当形成一定的比例，理顺通识选修课体系，合理设置人文、艺术、社会科学、自然科学和技术科学课，有利于挖掘学生在不同知识领域的兴趣，促进学生的个性培养，避免人才的同质化。在学生选修通识课程时，任课教师结合学生特点有计划地进行指导，帮助学生结合自己的特长、兴趣等选择通识选修课，为培养高质量的警察法学人才奠定基础。

（三）警察法学专业课程设置的完善方案

为了解决警察法学专业课程设置中存在的问题，推动警察法学教育与人才培养，应当采取积极有效的措施来完善警察法学专业的课程体系建设。

1. 建立全国性的警察法学专业教学指导机构，推动课程设置标准化

成熟的教育应该是标准化的教育，即对教育的目标、内容、模式、结果有一个相对统一的公认的范式，有一个科学的教育质量监控与评估体系。由于没有全国统一的警察法学专业的教学指导机构，导致警察法学教育没有形成和实现标准化教育的要求。因此，应建立统一协调的警察法学专业的教学指导机构。在统一课程设置、统一教学内容、统一教材建设、统一训练标准、统一考核标准等方面发挥作用，将自主性与统一性结合起来。

2. 优化警察法学专业的课程结构

警察法学专业的课程结构主要包括基础课和专业课（包括专业必修课和选修课），应当进一步完善这些课程设置的学分、学时和教学内容等。其一，应当对专业课程进行调查并进行筛选，在保证课程体系完整以及学生适应学习能力的前提下，专业关联度不大、

实践意义不高的学科内容在课程安排上可以偏少，多侧重于应用性强、同公安实践工作密切相关的内容，并要求学生在重点掌握法学核心课程的基础上，适当增加与警察权行使有关的非法学核心课程的教学，比如人权法学、公安法律文书写作、警察职业法律伦理学等。其二，不断完善课程内容，法律性质相近或相同的课程往往出现内容重合的现象，比如，警察行政法学与行政法学、民法学与合同法学。教师应当在制定教学大纲时进行讨论研究，处理好相关内容的衔接，整合教学内容，确保警察法学专业课程体系的科学性和严密性。

3. 组织编写高质量的《警察法学》教材

专门的《警察法学》课程应当是警察法学专业学生的核心课程之一。当前，《警察法学》教材种类繁多，其中，部分教材内容宽泛，缺乏针对性和系统性。教材的质量参差不齐和内容不合理已成为制约警察法学专业教学发展的最主要因素之一。因此，应当组织有经验的警察法学专家学者编写针对性强、实用性高的《警察法学》教材，对警察法学学科体系和知识体系进行系统的论证和梳理，明确警察法学的学科属性和内部知识结构。《警察法学》教材的编写要突出系统性、针对性、实用性，为实现警察法学的教育目标，建立警察法学的学科体系奠定良好的基础。

4. 改革警察法学专业的教学方法

警务活动是一项实践性很强的工作，因此，警察法学研究不能只注重理论而不注重实践。只注重理论，从理论到理论，就会使研究工作因不切实际而虚化，减少甚至丧失其意义。[1]目前警察法学专业的教学方法仍是以理论性讲解为主，不能回应其实践性的要求，难以达到应有的教学效果。警察法学教学应当采取以案例或问题为基础的教学方法，开展案例讨论、法庭旁听、模拟法庭、诊所教学

---

〔1〕参见李元起、师维主编：《警察法通论》，中国人民大学出版社2013年版，第38页。

等多种形式的辅助教学手段,对以讲解原理为基础的教学方法进行必要的改进。通过调动学生的学习积极性、主动性,将法理与实践相结合,并根据各专业的特点和教学时数选择恰当的教学内容,以突出教学重点。

三、公安院校法学教育的特色教学范式与教学方法

教学方法,是教学过程中教师为实现教学目的和教学任务要求,在教学活动中所采取的行为方式的总称。教育界一般认为,教学方法因依据不同而各异,一是依据教学目标选择教学方法。不同领域或不同层次的教学目标的有效达成,要借助于相应的教学方法和技术。教师可依据具体的可操作性目标来选择和确定具体的教学方法。二是依据教学内容特点选择教学方法。不同学科的知识内容与学习要求不同;不同阶段、不同单元、不同课时的内容与要求也不一致,这些都要求教学方法的选择具有多样性和灵活性的特点。三是根据学生实际特点选择教学方法。学生的实际特点直接制约着教师对教学方法的选择,这就要求教师能够科学而准确地研究分析学生的上述特点,有针对性地选择和运用相应的教学方法。四是依据教师的自身素质选择教学方法。教学方法只有适应了教师的素养条件并能为教师充分理解和把握,才有可能在实际教学活动中有效地发挥其功能和作用。因此,教师在选择教学方法时,还应当根据自己的实际优势,扬长避短,选择与自己最相适应的教学方法。五是依据教学环境条件选择教学方法。教师在选择教学方法时,要在时间条件允许的情况下,最大限度地运用和发挥教学环境条件的功能与作用。

为适应公安院校法学的教学目标和学科特点,形成教师为主导,学生为主体的互动型、体验型课堂,除了理论讲解和法律注释的传统讲授方法以外,还必须形成特色的教学范式,运用一些特色教学方法。

(一)"教、学、练、战"一体化教学范式

"教、学、练、战"一体化的教学模式,是我国警务实战训练

中"战训合一"指导思想的延续。"战训合一",其关键在于如何把战与训有机地结合起来,真正实现"以训促战、以战辅训、战训合一"。"教、学、练、战"一体化的最终目的是"战",即学生毕业后的警察工作实战,其核心内容是"教、学、练、战"合一,真正实现"以教促战、以学促战、以练促战;以战辅练、以战辅教、以战辅学"。[1]

"教、学、练、战"四个环节围绕人才的素质、能力培养展开,实现四者有机的结合。"教",就是通过教学提高学生的全面素质和能力,要重点研究如何落实"厚基础、宽口径",体现"公安特色",提高人才培养质量,实现人才培养目标。要改革教学方法和教学内容、建设双师型师资队伍、实行双导师制,都是"教"这个环节要努力研究的内容和达到的目标,尤其要在"教"法上有所创新。"学"就是要研究如何调动学生的积极性、主动性,要在强化教与管的有效结合、提升教师课堂管控能力、明确学生学习目标、改革和探索学生的学习途径及方法上(课堂、见习、实习、实验、案例作业、实战训练等)有所突破。要将有关资格考试与学校人才培养目标相结合,如鼓励学生根据自身情况参加英语等级考试、计算机等级考试、法律职业资格考试、公安信息化资格考试、公安民警执法资格考试等,调动学生积极性,提高全面能力。"练",要强调理论和实战相结合,如具体研究如何通过案例教学、实验教学、实战教学、网络教学,让学生熟悉和掌握本专业实际业务工作的流程,分段抓住主要节点、环节,通过"练"让学生熟悉掌握相关业务工作全过程,提高学生的实战能力。如何接警→进行处置→快速出现场→到现场后如何进行处理(不同现场有不同的处置方法)→保护现场→勘察现场→现场分析→采取侦查措施→抓捕→讯问等。"战",是学生应具备的能力和人才培养的目标,主要解决学生能干什么,要紧密

---

〔1〕 参见赵建设:"'教、学、练、战'一体化教学模式实践中的问题和对策探析",载《公安教育》2011年第1期。

结合公安实战需要开展学生培养，确保学生来之能战，战之能胜。

警察法学教育一定要创新教学方法，突出理论联系实际，紧密结合公安实战的新情况、新问题、新技术、新战法，要突出法学案例教学并作为特点和优势。传统的警察院校讲授知识采用的是学徒制的授课模式，以教师为主导，学生被动地去吸收知识，在整个教学过程中，教师发挥了首要的作用。这种教学方式的优势在于可以保存知识的完整性，教师可以按照自己的预期和体系合乎自己意愿地教授完自己应该讲授的知识。可是这种传统的教学方式有一个很大缺陷，即这是以牺牲学生的主动性作为代价的。公安院校法学的教学中比一般的法学教育更加强调实战的重要性，因而在教学方法的选择上要协调好理论学习与实战演习的比例关系。"教、学、练、战"一体化的教学模式是对传统法学教学方法纠正和补足，适应了公安院校法学教育特点和教学需要，在确保基础理论知识教授到位的前提下，采取教学贴近实战、培训融入实战、科研引领实战的实施方案，支撑和促进教学、科研、培训与公安实战的深度融合。

（二）特色的实战教学方法

2011年教育部和中央政法委员会公布《关于实施卓越法律人才教育培养计划的若干意见》，提出了卓越法律人才教育培养计划实施方案。该文件主要目的在于提高法律人才的培养质量，造就一批应用型和复合型的法律人才，为建设社会主义法治国家提供人才保障和智力支持。卓越法律人才教育培养计划明确要求加大实践教学比重。而当前中国高校的法学教育普遍存在与法律实践和法律职业需求脱节的情况。由于公安职业的特殊性，民警经常面临的是执法一线的具体问题，而非抽象的理论问题，因此单一的理论教学很难满足当前公安实战的需要。根据教育部《普通高等学校本科专业目录和专业介绍（2012年）》，法学学科的实践性教学环节主要包括课堂司法案例教学、庭审实务教学、法律咨询、社会调查、专题辩论、模拟审判、疑案辩论、实习等。在此基础上，公安院校法学教育应根据专业特点、就业导向等,在"教、学、练、战"一体化教学范式下探索具有专业特色的"实战型"教学方法,形成相对稳定的教学过程结构和教学方法体系,同时与一般法学的教学模式相互衔接、相互补充。在实际的操作过程中,实战教学可以通过以下途径开展。

1. 编纂面向公安院校的案例教程,推行案例教学法

案例教学法是从美国引进的、近年来在法学教育领域中逐步得到认可的一种模拟实践的教学方法。教师通过设定某种案例情境,让学生分析和讨论,在大脑中对已掌握的法学知识或理论进行检索,对问题作出判断或提出解决方案,从而理解和掌握法律规范或理论适用的具体情境,达到活学活用,将理论运用于实际的效果。[1]教师在案例教学中起着诱导讨论、开发智力的作用。虽然很多高校已经尝试使用案例教学法进行教学,但是对这种面向实践的教学方法仍然不够重视。突出表现为:一方面,国内高质量的案例教材凤毛麟角;另一方面,在实际教学过程中也极少有教师会选择"案例教程"作为教科书。纵观各公安院校的法学教育,"填鸭式"的课堂理论灌输仍然是当前主要的教育方式。国内至今也没有一套专门针对公安法学教育的案例教程。目前市面上形形色色的案例教材,或案例浅显,或与原理相距甚远而"为案例而案例",更为重要的是,完全不能满足培养公安卓越法律人才的要求。因而,编写公安类的法学案例教程在当前十分紧迫而且必要。在案例教程的内容设计方面,尤其应当根据公安执法的需要,突出侦查、逮捕、讯问、羁押等环节的案例,使公安院校的学生能够对其中的法律程序、人权保障、武力使用的合法性等法律问题有清晰的认识。在案例教学方法上,教师需针对同一案例不同学生考虑问题的不同角度进行分析探讨,并对案例中所涉及的全部法律问题进行抽丝剥茧式的逐层分析。

---

[1] 参见袁钢:"法学案例教学法的本土化演进",载《中国法学教育研究》2009年第3期。

指引学生在了解案件所涉及全部法律问题的基础之上，从警察、当事人、庭审法官等多主体角度出发，形成自己的看法。

2. 搭建以"执法规范化"为核心评价指标的警务训练平台，开展执法实景教学

目前很多公安院校都设置了实战训练课程。以往的实战训练多是从提升技能战术水平、自我保护能力和实战本领等方面入手，以完成任务的情况作为核心评价指标。例如，在模拟搜查、模拟人质解救等实战科目中，获取证据和解救人质等实战结果往往是评价的标准。从卓越法律人培养的视角接入，实战训练课程的着力点除了实战体能、执法技巧等问题，还应当关注实际执法中程序的合法性问题。在依法治国、保障人权的大背景下，程序合法、执法规范等应当是衡量警务训练效果的重要指标。例如，在搜查中是否出示搜查令、现场是否有见证人、如遇反抗应采取何种程度的武力、开枪是否正当合法都应符合相关法律的规定。这种实战训练，能够让学生直接感受警察执法的实务，体会"法治公安"的内涵。教师应当在"案件"中全程指导，对学生在实地证据搜查等执法活动过程中存在的问题进行指正，从而使学生熟悉对法律知识的实践运用。

3. 组织"强化警察角色"的模拟法庭以及模拟审讯

模拟法庭与公安院校的实战训练类似，即模拟庭审现场，通过学生扮演法官、公诉人、辩护人、被告人、法警等角色进行演练，使学生熟悉庭审程序和法律适用。许多政法类院校早已经开始采用这一方法。公安类院校也可以借鉴这一做法，将模拟法庭投入具体教学中，但在案例选择方面应当突出公安特色。案例应以刑事为主，并且强化法庭调查中 8 种法定证据的各种举证和质证方法的训练。[1]还应适当强化警察角色的作用，比如要求警察角色出庭作证等。起诉书、辩护书及其送达，法庭上举证、质证，辩护人陈述，

---

[1] 参见樊学勇主编：《模拟法庭审判讲义及案例脚本（刑事卷）》，中国人民公安大学出版社 2007 年版，第 50~66 页。

审判长庭审，合议庭宣判均由学生完全承担，教师在实际操作中仅仅起指导和帮助作用。在每次模拟对抗过程中，同一学生会担任不同角色，在控、辩、审之间转换。这样就能使学生全方面多角度了解庭审过程，从而加深对法律问题的认识。而采用模拟审讯，是为了克服单纯课堂讲授的缺陷，模拟审讯的实战环境和气氛，进而把书本上的理论知识转化为实际技能，将审讯的各种原则、方法、理论经验通过实际的运用和不断地体会，转化为一种应对具体案件"技艺理性"。[1]

4. 完善假期见习和毕业实习机制

假期实习和毕业实习是公安院校学生介入真实案件和真实场景，直接面对案件受害人、犯罪嫌疑人并获得直观感受的机会。实习的目的是将学到的理论知识付诸实践进行检验，但实习过程中时间短、走形式、走过场的现象非常普遍。一方面，由于实习时间短，学生还未看到一个案件处理的完整流程就已经实习期满返回学校；另一方面，诚如某些学者的调查，"发现80%的学生在实习过程中基本上属于跑腿打杂"[2]。以上问题并非不能解决。这就需要学校有效地安排实习时间，并加强与实习单位的交流，定期掌握学生的实习情况。以中国人民公安大学为例，其在很多省份的公安局基层分局或派出所设立了实习基地，并建立了良好关系。每次安排学生15个人组队，集中定点实习，实习期一般都保证在半年左右，并且整个实习期间安排两位专门老师带队。这种统一、定点、带队的实习模式不仅能够保证学生的实习时间，而且带队老师在遇到问题时也能够及时与实习单位沟通，从而保证学生能够接触实质性工作。

---

〔1〕"技艺理性"的概念是由英国柯克大法官（1552年~1634年）提出的。技艺理性需要经过长期的学习、观摩和实践经历才能获得，是一种经验的积累，是需要在适用法律和司法判决中不断地完善的。换言之，技艺理性是一种法感觉。因此，经验的积累是"技艺理性"形成过程中最为关键的因素。

〔2〕 程开源等："法学案例教学新思考"，载《中国石油大学胜利学院学报》2013年第4期。

而实习基地所在单位由于长期接待实习学生，也能够形成一套完整科学的训练机制，保证实习质量。在实习之后，学校可要求学生对其接触的案件形成完整的案件分析，作为实习报告上交，并且由相关专业教师打分评价。

5. 理论与实务专家交流常态化

一方面，聘请一线的实务人员担任教师或者教官；另一方面，派公安院校教师到基层进行实践锻炼，从而建立起基层业务骨干和教师交流机制，这也是打造实践教学的重要举措。通过此举，一线优秀民警能够将最新的警察实务动态带进大学课堂，教师则在基层实践锻炼过程中将理论与实务结合起来，充实理论体系，带动科学研究，形成紧密联系实际的理论教学，从而实现公安院校与公安机关、公安教育与公安工作的良性互动。例如，自2013年开始施行的国家"双千计划"即建立在这一理念之上的制度架构。计划的主要任务：2013年至2017年，选聘1000名左右有较高理论水平和丰富实践经验的法律实务部门专家到高校法学院系兼职或挂职任教，承担法学专业课程教学任务；选聘1000名左右高校法学专业骨干教师到法律实务部门兼职或挂职，参与法律实务工作。"双千计划"旨在改善法学教育界和法律实务部门之间的脱节状况，是卓越法律人才教育培养计划的重要内容。虽然部分公安院校也参与到这一计划之中，但是毕竟选派名额极为有限，因此很难对公安教育理论与实务脱节的现状产生大的影响。公安院校与公安机关之间的人员密切交流与人才定向输送关系，是一般政法类院校所不具备的。公安院校应当利用好、利用足这一优势，根据各自实际，开展校局的交流互派计划，将其制度化、常态化，并使其普遍惠及承担公安院校理论课的教师。从而在根本上改革授课模式和授课内容，促进法律人才培养的职业化，提高公安法学教育的针对性。[1]

---

[1] 参见化国宇、管清亮："公安院校卓越法律人才培养路径研究"，载《广西警官高等专科学校学报》2016年第3期。

四、警察的法律人素养教育

警察院校法学教育培养的是警察职业中的法治人才,属于法律职业共同体的组成部分。作为职业法律人,除了掌握专门的法律知识和技能以外,还需要具备法律人的基本素养。通过宪法教育、人权教育和法律职业伦理教育,使警察法学人才养成宪法至上法律观、保障人权的执法理念以及良好的法律职业伦理。

(一) 宪法教育

1. 宪法教育的重要性

党的十八届四中全会通过的《中共中央关于全面推进依法治国若干重大问题的决定》中明确提出:"依法执政首先要坚持依宪执政""各级党组织和领导干部要深刻认识到,维护宪法法律权威就是维护党和人民共同意志的权威,捍卫宪法法律尊严就是捍卫党和人民共同意志的尊严,保证宪法法律实施就是保证党和人民共同意志的实现。"同时将法治建设成效作为各级领导干部工作实绩的重要内容,把宪法列入党委(党组)中心组学习内容,列为党校、行政学院、干部学院、社会主义学院必修课。[1]

在现代国家,宪法作为国家的根本法,是依法执政的关键、依法治国的根本和依法行政的核心,也是所有公权力行为的基础。特别是行政机关作为行使国家行政权的主体,其行政活动的合法性与正当性必须在宪法的框架下予以评价和控制。[2]因此,我国宪法在序言中明确规定:"全国各族人民、一切国家机关和武装力量、各政党和各社会团体、各企业事业组织,都必须以宪法为根本的活动准则,并且负有维护宪法尊严、保证宪法实施的职责。"《人民警察法》第4条也规定:"人民警察必须以宪法和法律为活动准则,忠于职守,清正廉洁,纪律严明,服从命令,严格执法。"同时该法

---

[1] 参见韩大元:"论公务员的宪法教育",载《当代法学》2015年第1期。

[2] 参见韩大元:"论公务员的宪法教育",载《当代法学》2015年第1期。

第 26 条第 1 款人民警察的录用条件中第 2 项也明确地指出人民警察应当"拥护中华人民共和国宪法"。警察法学人才以警察职业作为培养目标,作为共和国警察的预备力量,对其进行宪法教育,有利于其明确行政权的来源,正确认识警察职业的身份与地位,为未来走上警察岗位后依照宪法原则和精神正确行使权力做好准备,预防警察对公权力的滥用,增强警察执法的公信力。

2. 宪法教育的基本内容

(1) 宪法至上意识的培育

宪法是我国的根本大法,是"母法"。[1]宪法具有最高的法律效力。开展宪法教育时,要首先树立起警察对宪法的敬畏感,树立宪法信仰。只有宪法至上理念在警察心中扎根之后,才能保证警察依宪执法,从而真正推动我国依法治国的进程。

警察是警察权的行使者,握有限制公民人身自由的权柄。警察权的行使需要有宪法和法律的依据。帮助警察培育其宪法至上的观念,可以在人民警察行使职权的过程中加入法律的约束,赋予这些职权活动必要的合宪性,使人民警察清楚意识到该做什么不该做什么,从而更加有利于人权的保障,同时增强人民对警察执法的认同感,提高警察队伍执法的公信力。

(2) 公民基本权利和国家义务条款内涵的讲解

宪法是一部用来限制国家权力、保障公民权利的法律。要通过对宪法的讲解,使警察能够深刻体会宪法的真正内涵。"如果政府具有遵守、执行宪法的意识,注重对公民宪法权利进行保障,就不但能有效减少对公民权利造成损伤,也会减轻公民维权成分,减轻社会及法律资源的负担,防止极端、恶性事件发生。"[2]因此,警察宪法教学要深刻地向其分析宪法背后蕴含的原理,宪法条文背后的目的,尤其是其中的公民基本权利和国家义务条款,让人民警察明确行政

---

[1] 参见张千帆:《宪法学导论:原理与应用》,法律出版社 2004 年版,第 22 页。
[2] 魏文彪:"政府应当强化宪法意识",载《法制日报》2004 年 3 月 31 日,第 3 版。

权的来源，正确认识自己的职责与地位，敦促其依照宪法原则和精神去行使宪法赋予的权力，保证依宪执法。

3. 强化宪法教育的基本途径

（1）明确宪法教育在警察法学教育中的基础地位

宪法教育是警察提高依法行政能力的基础性工作，是提高警察整体素质和业务能力的重要途径。帮助人民警察树立宪法观念和尊重宪法、维护宪法的正确态度，提高警察依照宪法办事的能力，应成为警察法学教育的基本目标之一。要注意克服"行政机关主要是依照具体的行政法，司法机关主要依据诉讼实体法和程序法，宪法太原则不具有可操作性，办事时不依宪法"的错误倾向，需要加大警察法学课程中宪法观念教育和宪法知识培训内容。[1]

（2）提高宪法在公安机关人民警察执法资格考试和人民警察招录考试中的分值比重

对宪法的学习需要一定的激励机制。在公安机关人民警察执法资格考试和人民警察招录考试中提高宪法的分值比重是可以采取的重要方式之一。根据《公安机关人民警察执法资格等级考试办法》的规定，执法资格等级考试主要测试应试人员应当具备的法律知识。人民警察必须取得基本级执法资格，未取得基本级执法资格的，不得办案。而人民警察招录考试则是进入警察队伍的基本门槛。通过加大宪法考核成绩的比重，可以增强学员学习宪法的动力，促使其认真对待宪法的教育学习，更大程度地发挥出宪法教育对于警察队伍的实际效能，让宪法成为人民警察学习的日常科目。

（3）建立人民警察宪法宣誓制度

《全国人民代表大会常务委员会关于实行宪法宣誓制度的决定》和《国务院及其各部门任命的国家工作人员宪法宣誓组织办法》规定了国家工作人员宪法宣誓制度。著名法学家伯尔曼在其所著《法

---

[1] 参见韩大元："论公务员的宪法教育"，载《当代法学》2015年第1期。

律与宗教》一书中指出："法律必须被信仰，否则它将形同虚设。"法律最真实的生命在于它被人们所信仰。宪法宣誓仪式的寓意就在于通过仪式和强烈的心理暗示唤起人们对宪法的信仰。宣誓是一种庄严的承诺，誓词是沉甸甸的诺言。人民警察除了继续实施入警宣誓制度，应当依法建立起人民警察宪法宣誓制度。通过宪法宣誓，人民警察能够认识到：包括警察权在内的政府的一切权力来自宪法，而制定宪法的权力来自人民，警察执法的目的是尊重和保障人权，对人权而言，警察执法本身永远是手段，不能成为目的。

（二）人权教育

联合国在其发布的《人权与执法：警察人权培训手册》中指出："在现代民主社会中，警察的任务就是要通过合法、人道和纪律严明的政策和实践，保护人权、捍卫基本自由、维护民主社会的公共秩序和大众的福利。"警察是对民主社会完善运作至关重要的职业，这一点从联合国制定的许多与警察工作直接相关的国际标准中就可看出来，如《执法人员行为守则》《执法人员使用武力和火器的基本原则》以及许多其他宣言和准则等。为了保护人权，警察首先要知道什么是人权。因此联合国自成立以来就致力于对各国警察进行相关的人权教育与培训，并制定出诸如《警察人权标准与实践：警察使用的人权袖珍手册》这样的执法参考文件，以及《人权与执法：警察人权培训手册》等培训教材。

警察法学教育主要面向警察队伍中的执法者和执法监督者。执法实际上是代表国家公权力执行法律法规，执法监督则是对案件进行审核把关，对执法权进行规范和监督。要履行好上述职责，就必须深刻了解与国家公权力相对应的人权概念，明确其内涵与范围。这样才能切实做到在执法过程中尊重和保障人权。

1. 开展警察人权教育的法律依据

人民警察作为国家公务人员，对其进行人权教育的主要法律依据是《中华人民共和国公务员法》以及其相应的下位法《公务员培训规定（试行）》。《中华人民共和国公务员法》第十章对"培训"作了专门规定。该法第66条第1款规定了对公务员按照其承担职责的要求和提高素养的需要，进行分级分类培训。由此，公务员培训必须具有针对性，且技能培训和素养培训应当并重，不能偏废。该法第66条第2款规定了承担公务员的培训工作的机构："国家建立专门的公务员培训机构。机关根据需要也可以委托其他培训机构承担公务员培训任务。"因此在实践中对公务人员的培训机构分为两类，一类是针对不同党政部门设立的专门公务员培训机构，比如各级党校、行政学院、干部学院等；[1]另一类则是接受委托的其他培训机构，此类培训机构的种类比较多样化，包括一些高等院校、科研院所、社会团体甚至培训企业。

对警察进行教育、培训，除了依据上述公务员法律法规外，还有《人民警察法》和《公安机关人民警察训练条令》等专门依据。《人民警察法》第29条规定："国家发展人民警察教育事业，对人民警察有计划地进行政治思想、法制、警察业务等教育培训。"而《公安机关人民警察训练条令》对这一规定进行了细化，将人民警察培训（也称训练）分为入警训练、晋升训练、专业训练和发展训练四类，并对每一类训练的时间长度和训练内容作了相应规定。虽然法律中没有明确要求将人权纳入公安培训内容，但由于人权保障是警察执法的重要目标，人权理论必然是执法公安民警的必要知识储备，应当成为培训的重要内容。这也是符合《国家人权行动计划（2016-2020年）》中"将人权知识纳入党委（党组）的学习内容，列入各级党校、干部学院、行政学院的课程体系，列为法官、检察官、警察等公职人员入职、培训必修课"的基本目标。

---

[1] 法官和检察官往往被视作广义上的国家公务人员，相应的，国家也设立各级法官学院和检察官学院作为其教育培训机构。

2. 人权教育的基本内容

（1）人权价值理念的塑造

从理念上坚定人权价值是对警察法学人才进行人权教育的第一步。警察教育培训中有这样一种价值取向，片面强调传授内容的实用性、实战性，而忽视素养和思维模式的塑造。无论是在学历教育还是在职训练中，经常是以实用性课程的教学为主，学习者也希望所学到的内容能够直接运用于公安业务实践，甚至以此作为判断培训质量的标准。而实际上，警察人权教育十分强调素养教育和思维教育。学习人权知识，或者执法实践中一些人权保障的具体手段并非不重要。人权教育的目的在于从根本上树立起警察尊重和保障人权的价值理念，促使警察职业建立起普遍的人权文化。这种价值理念的塑造，不可能一蹴而就，也不是纯粹的实战技巧的掌握，而是通过系统的人权理论知识的学习和把握，认同人权的重要性，明确人权保障的正当性与合法性，形成保障人权的思维模式，将人权价值体系内化为警察群体核心价值观的一部分。

（2）人权知识与人权理论的传授

2001年，教育部要求将人权法的课程列入法律院校选修课目录中；对于非法律专业的高校学生则要求在《思想道德修养与法律基础》这门课中开设我国宪法中关于"人民主权原则及公民权利原则"专题。开设人权课程是传授人权常识和理论的最佳方式。从世界范围内看，高等院校的人权课程设置大致分为两类：一类是开设专门的人权课程；另一类是开设人权相关课程。比如牛津大学法学院开设的专门人权课程包括《欧洲人权法》《比较人权》，人权相关课程则有《比较平等法》以及《犯罪司法与人权》。耶鲁大学法学院所属的小奥维尔·谢尔国际人权中心开设的专门人权课程有《国际人权法》《公民权利法》，人权相关课程则有《移民和难民法》等。在国内普通高等院校中，不少已经开设了人权相关课程，如中国人民大学开设了《人权法学》、北京大学开设了《人权与法治》、中国政法大学开设了《国际人权法》等。警察法学专业开设人权及相关课程是人权知识与人权理论传授的必然选择。其中教学内容应包含人权的一般知识：人权的核心价值、人权的特征及其特殊性、人权的基本概念、人权历史、人权内容、人权实践、人权现实问题探讨等，[1]还包括警察执法与人权保障此类特定知识。既要对人权相关的法律条文进行讲解，又要设计多种教学情境让学生们熟练运用人权法律知识。

3. 强化人权教育的基本路径

（1）从政策和法律上进一步明确警察人权教育的基本要求

我国《人民警察法》第 29 条对公安教育作了明确规定："国家发展人民警察教育事业，对人民警察有计划地进行政治思想、法制、警察业务等教育培训。"这一规定使公安教育作为一项法律制度被确定下来。但是人权作为公安教育的必要内容，却没有明确体现在法律之中，从字面含义来理解，"政治思想""法制""警察业务"都无法将"人权"包含在内，而规定更为具体的《公安机关人民警察训练条令》中，虽然对不同的训练种类对应的训练内容进行了详细列举式的规定，但仍然没有将"人权知识和理念"明确纳入训练内容。由于法律法规中没有明确规定，在各地公安机关的实际训练中，是否开展人权教育就存在较大的任意性。基于人权教育在公安教育中的极为特殊而重要的地位，应当在法律中明确规定人权作为公安教育的重要内容。

（2）合理设置警察法学专业人权课程

通常，人权课程主要由法学院开设，并由具有法学研习背景的教师授课。但是由于人权类课程并不属于教育部规定的法学专业核心课程，其开设有很大的自主性（与所在院校的重视程度有直接关系），而法学本科阶段需修习的课程已经很多，再加上人权学科的

---

[1] 参见黎尔平："中国大学的人权教育"，载《人权》2007 年第 1 期。

师资缺乏,就全国范围来看,开设人权类课程的高校仍属少数。[1]而警察法学教育,一般更为注重与执法直接相关的法学课程,并需要兼顾开设公安学课程(如治安学、侦查学、公安基础理论等),在这两类课程已经相对拥挤的情况下,人权课程受不到足够重视。据笔者的了解,目前仅有中国人民公安大学以及湖南警察学院等少数公安院校开设有相对系统的人权课程,前者开设了人权法学、警察执法与人权两门课程,后者开设有警察执法与人权课程。而大部分公安院校基本上是通过法律基础、法理学、宪法学、国际法学、诉讼法学等课程中关涉人权内容的讲解来传授人权理论知识。[2]

目前国内高校开设的比较成熟的基础性人权课程主要是《人权法学》。《人权法学》的传授始于2004年2月,北京大学与瑞典伦德大学罗尔·瓦伦堡人权与人道法研究所合作,设立了我国高校第一个硕士人权课程项目,并开设该课程。随后其他高校法学院相继开设。公安院校可借鉴国内部分高校的先进做法,开设《人权法学》课程,并将其作为全校公共选修课。不将《人权法学》列为必修课做法,主要是考虑到公安院校法学教育的课程设置具有特殊性,既要学习公安类课程,还要学习法律类课程,与此同时还不能忽视体能、射击、心理等实战训练课程。因而在校生的课业负担是十分繁重的。在开设人权及相关课程方面必须对此进行考量,避免学生过度负荷,反而抵消了人权课程的效果。同样基于此,警察法学教育中盲目开设过多的人权相关课程也是不符合实际的。比较切实可行的办法是,开设人权选修课的同时,在既有必修课程中增加人权相关内容。宪法、法理、刑事诉讼法乃至国际法课,都涉及人权的相关内容,在讲授过程中有意识地增加人权内容的比重,并将人权保护的理念和意识贯穿课程始终,是警察法学教育中提高学生人权

---

〔1〕 参见黎尔平:"中国大学的人权教育",载《人权》2007年第1期。
〔2〕 参见化国宇:"我国的公安人权教育:现状及完善",载《人权》2016年第4期。

素养的关键。

在职警察的培训,则可以根据需要和培训者的授课能力,至少保证开设一门人权及相关课程,以此推动在职警察群体的人权教育。待到时机成熟,可以将人权法学作为在职培训的必要内容纳入培训课程体系,并作为基本的培训制度固定下来。

(3) 编写面向警察群体的人权教材

国内已出版了一批比较成熟的人权教材,其中包括著名人权学者李步云主编的《人权法学》,徐显明主编的《人权法原理》,朱力宇和叶传星主编的《人权概论》以及白桂梅主编的《人权法学》等。同时,一批针对特定群体的人权读本也相继问世。例如,中国人权研究会组织编写了针对公民、法官、监狱人民警察、行政执法人员、妇女和未成年人六类群体的《人权知识读本丛书》六卷本[1]。这些都为讲授人权课程提供了重要参考,也为警察执法行为提供了必要的人权指引。但是目前尚未出版面向警察人权教育的专门教材。之所以需要专门的人权教材,是由警察群体与一般民众接受人权教育目标的异质性决定的。应当说,对公民或在校学生进行人权教育,目标是"守护你的权利",而对警察进行人权教育,则是以"不要侵犯他人的权利"作为目标。因而,专门教材的编写对于警察人权教育至关重要。公安部一直专注于人民警察高等教育教材的编写工作,先后于2000年组织统一编写31种"人民警察高等教育教材"、2004年组织统一编写15种"普通高等教育'十五'国家级规划教材",2012年8月,新一轮公安专业规划教材启动,确定了58种训练大纲、120种统编教材,基本上已经覆盖法学和公安学的所有学科。下一步,上级公安机关应当组织力量编写人民警察高等教育人权法教材,以利于开展人权法教学。

---

[1] 包括《人权知识公民读本》《人权知识法官读本》《人权知识监狱人民警察读本》《人权知识行政执法人员读本》《人权知识妇女权利读本》《人权知识未成年人权利读本丛书》。

(4) 制定执法人权指南

由于警察是一线执法者，其掌握的人权理念和知识有很强的可实践性。这一群体的人权教育不仅要在书中学，还要"从做中学"。因此，警察法学人才的培养阵地不仅仅是学校，还有执法一线。联合国自成立以来就致力于对各国警察进行相关的人权教育与培训，并制定出诸如《警察人权标准与实践：警察使用的人权袖珍手册》这样的执法参考文件，作为警察执法的人权指南。我国公安机关也应制定人权执法指南，为警察执法提供行为指引。警察在处理案件时，通过翻阅指南，将指南的人权要求适用于具体个案，将每个案件的处理，都变成一次接受人权教育的机会，从而不断加深其对人权的领悟和理解。

(三) 法律职业伦理教育

1. 法律职业伦理教育的重要性

法律职业伦理是法律制度的重要组成部分，也是法律职业发展的重要保障。法律职业伦理是法律职业活动中应当遵循的伦理道德规范。法律伦理教育的目标就是要把学生培养成为具有健全的法律伦理人格，有助于法律终极目标实现的"社会医生"。法律职业伦理教育是我国法学教育不可或缺的重要组成部分，警察职业更不能忽视法律职业伦理的塑造。警察职业之所以要求遵循一定程度的法律伦理，缘于其执法职能与立法和司法有着千丝万缕的联系，职权之间的相互贯通让警察职业的职业伦理有了较其他职业道德更为浓厚的法律色彩。

在世界范围内，联合国和世界各国都颁布了一系列警察职业伦理规范。如1979年12月17日，联合国大会通过的《执法人员行为守则》；英国1829年颁布的《警察训令》，1829年现代警察创始人罗伯特·皮尔创立"警务原则"和2008年12月1日颁布《警察职业行为标准》；法国1986年3月18日颁布《国家警察职业道德准则法令》；美国20世纪50年代到90年代制定《执法道德规范》《警察行为规范》；日本 1985 年制定的《警察生活原则》；等等。在我国，公安系统历来高度重视人民警察职业道德建设。早在 20 世纪 50 年代，就制定了《公安人员八大纪律十项注意》；1994 年 1 月，又正式印发了《公安机关人民警察职业道德规范》，并于 2011 年对其进行了修订与完善。

在推进警察队伍专业化和法治化建设进程中，建立警察职业的法律伦理规范尤为必要。遵循法律职业伦理不仅有利于维护警察的职业形象、提升警察的专业品质，更有利于保障公众的合法权益。[1]再好的法律也需要由具有良好职业伦理的执法者来执行。即便立法完备，因缺乏职业伦理而引发的执法不公、司法错误等屡见不鲜。从美国"辛普森杀妻案"中涉嫌伪造证据的福尔曼，到"杜培武案"中刑讯逼供的秦伯联、宁兴华，需引起我们对警察职业伦理的警醒和反思。

2. 警察职业伦理的内容

在警察法学教育中，法律职业伦理的讲授主要集中在警察职业伦理部分。对于警察职业伦理应包含哪些内容，学者们有不同的主张。英国学者帕克（Pike）认为建立警察的职业伦理将是提高警察形象的重要方法，而此职业伦理是忠诚与廉洁（Loyalty and Integrity）。[2]美国学者克雷尼格（John Kleinig）主张警察之伦理可分为个体性伦理（Personal Ethics）和组织性伦理（Organizational Ethics）两种，[3]前者包括裁量权、武力使用、诱捕、卧底及馈赠与贪污，而后者则涉组织整体之权限与责任、组织设定之伦理规范及组织管理伦理。我国台湾地区警政学者陈明传教授提出，警察职业伦理是警察系统

---

[1] 参见袁广林："警察专业伦理：内涵、价值与培育"，载《中国人民公安大学学报（社会科学版）》2011 年第 3 期。

[2] See Michael S. Pike, *The Principles of Policing*, Palgrave Macmillan, 1985, p. 62.

[3] See John Kleinig, *The Ethics of Policing*, Cambridge University Press, 1996, pp. 67-278.

中的参与人员之间维持正当关系的道德法则。由于警察系统中参与人数众多，不仅包括警察内部上下级、同事等，还包括警察机构外部的政党、政府其他部门、公民、利益团体、大众传媒等。因此他将警察职业伦理的内涵分为警察组织内部的工作伦理和对外执法时的执法伦理。组织内部的伦理又可分为上下之间、长幼之间、同事之间伦理；执法伦理又可分为依法行政、维持秩序、坚守纪律及为民服务四项。[1]

中国警察初创时期官方就对警察职业伦理作出了规定。北洋政府时期，1921年10月制定公布了《铁路警察服务规则》，其第3条规定：持身处事须崇尚俭朴，廉清勤慎；言语动作须公正诚实，谨伤威仪；内外勤务须服从命令，不辞辛劳；应人接物须和平谦恭，力戒傲慢。新中国成立后，1952年11月第五次全国公安工作会议《关于建设公安部门政治工作会议》首次从政治工作的角度就人民警察道德规范提出具体要求。1958年8月16日在第九次全国公安会议上正式通过的《公安人员八大纪律十项注意》是人民警察道德规范初步形成的标志。八大纪律包括：服从领导，听从指挥；遵守纪律，遵守政策；不准泄露国家机密；不准侵犯群众利益；不准贪污受贿；不准刑讯逼供；不准包庇坏人；不准陷害好人。十项注意是指：立场坚定敌我分明；坚决勇敢沉着机警；多办好事服务人民；说话和气办事公平；敬老爱幼尊重妇女；注意礼貌讲究风纪；尊重群众风俗习惯；纠正违章不准刁难；执行政策做好宣传；劳动学习全面锻炼。

1994年制定、2011年修订的《公安机关人民警察职业道德规范》将警察职业伦理归纳为10条。全面概述了我国警察职业伦理的基本内容："一、忠诚可靠：听党指挥，热爱人民，忠于法律。二、秉公执法：事实为据，秉持公正，惩恶扬善。三、英勇善战：坚韧不拔，机智果敢，崇尚荣誉。四、热诚服务：情系民生，服务社会，

---

[1] 参见陈明传："警察伦理在警察大学之应用与推广"，载《台湾警察大学通识教育与警察伦理学术研讨会论文集》，2010年6月15日。

热情周到。五、文明理性：理性平和，文明礼貌，诚信友善。六、严守纪律：遵章守纪，保守秘密，令行禁止。七、爱岗敬业：恪尽职守，勤学善思，精益求精。八、甘于奉献：任劳任怨，顾全大局，献身使命。九、清正廉洁：艰苦朴素，情趣健康，克己奉公。十、团结协作：精诚合作，勇于担当，积极向上。"

3. 强化警察职业伦理教育的基本路径

采取什么方法来推进警察职业伦理教育是一个至关重要的问题，借鉴我国目前对法律专业人员进行法律职业伦理教育的方法，我们可从以下几个方面来推进对警察职业的法律伦理教育。

（1）警察职业伦理教学

斯旺森（Swanson）认为一个良好的伦理训练背景能让警察在关系到剥夺人民自由，有时是生命权时，于复杂的道德判断中找到引导；在警察被给予极大且未能先行确认的裁量权时，伦理的基本原则能确保其所做决定是公平且合法的。[1]因而开展警察职业伦理教学是警察法学人才培养必不可少的环节。

教学的良好开展需要依赖高质量的教材。目前，专门的警察职业伦理教科书并不多见，其中可资借鉴的有刘正浩、胡克培主编的《法律伦理学》（北京大学出版社2010年版）以及尹伟中的《警察伦理学导论》（中国人民公安大学出版社2008年版），前书第八章对警察的职业伦理进行了专门的讲解，包括"警察职业伦理概述""警察职业道德的基本规范""警察职业伦理的培育"三节，而后书则是国内为数不多的专门的警察职业伦理教材。两本教材对于警察职业伦理的讲解都相对简单，前者为书中的一章，后者为导论性质，在全面性、系统性和权威性等方面仍有待提高。教材的缺乏和陈旧制约了警察法教学的进一步拓展，因此，编写高质量、全面、系统的警察职业伦理教材是推进教学的第一步。在此之后，应为警察法

---

[1] See Charles R. Swanson, Leonard Territo, Robert W. Taylor. *Police Administration: Structures, Processes, and Behavior*, Prentice-Hall, Inc., 2001.

学专业的学生开设专门的警察职业伦理课程，同时将伦理教育贯穿于全部法律课程的教学过程中，从而确立警察职业伦理在警察法学专业教学体系中的重要地位。

当然，伦理教育并不是开设一门课程就能解决问题的。单凭依靠讲课的方式向警察职业人员传授法律职业伦理的知识是不够的，社会关系是纷繁复杂的，还需要仔细分析具有典型性的社会现实问题来让学生具象地感受法律职业伦理。可设置类似"电车难题"的执法中进退两难之窘境的个案，让学生在理性辩论、深入思考中建构自己的道德原则，并合理提出解决伦理争议的方法，提高道德判断能力。对伦理规范不仅知其然，还要知其所以然。只有这样，实践与具体的法律原则和规范相结合，才是具体的、生动的法律伦理教育。

（2）道德与纪律训练

美国实用主义哲学家约翰·杜威认为，道德是一种社会生活，道德教育就存在于与他人的交互行动中，学校的训练应从学校生活着手，必须从"做"中"学"。警察院校的道德与纪律的实操训练，是警察职业伦理内化为行为习惯的重要环节。它要求学校这个社区的全体成员——教职工与学生都要认真参与到道德与纪律训练中去，将课堂里教导的内容在校园生活和交往中得到体验。全校教职员工要同心协力使校园生活的每一个细节都能提供职业伦理教育的机会。如要在公共的集会或仪式上郑重宣读学校的道德和纪律要求，要公布在教室或走廊的布告廊上或学校的印刷品中，并且在学生刊物及学校的日常报告里不断地说明并强调；教师、员工及学生在任何场合都应努力使（警察）伦理道德行为成为生活规范；在日常的接触及正式的集会场合中，要赞扬或表彰学生在道德和纪律方面的成绩等。[1]通过校园内的道德倡导和纪律约束，在教官对学生日常

---

[1] 参见梁丽萍："美国人格教育的理论与实践"，载《教育理论与实践》2000年第6期。

行为的指导之中，在学生的自我管理和自律之中，循序渐进的内化与建构起坚定的警察职业伦理核心价值。[1]

在道德方面，培养其忠诚爱国、乐于助人、尊师重教、团结协作、文明礼貌等良善品性，在纪律方面，养成恪守法纪、服从命令、进退有据、顶天立地的精神风貌，使学生将外在的框范、要求转化为内心的命令和信念，变成自己的欲求，建立起自我调节、自我监督、自我约束的内部作用机制。[2]

但学校并不能包揽教育的所有任务，还必须取得社会和家庭的配合。社会的道德理念、价值结构体系、理想体系、舆论走向都直接、间接地影响着警察院校的学生。因此，要使学生广泛接触社会，发挥社会正确的舆论导向作用；要让学生了解党和国家狠抓廉政建设、加强党风党纪检查、建立健全各项法规制度的有关情况；要推荐健康向上的文艺文学作品，陶冶学生的情操。同时，家庭对警察院校学生来说，其教育功能也不可低估。需要把家庭强大的影响力考虑进去。学校教育要与家庭建立互通机制，彼此协助。形成以学校为主体、以社会为依托、以家庭为支撑的道德与纪律训练条索，为强化警察职业伦理教育创造良好的条件。

(3) 警察职业伦理示范

教师是人格教育活的教材，教师在人格上赢得学生的心，学生便会产生仰慕之情并心悦诚服、心甘情愿地接受老师的教育。"学高为师，身正为范""身教重于言教""育人者必先育己"等都点出了对教师品德学识的特殊要求。教师的人格、道德对学生的人格、品德具有极其重要的影响。公安院校教师兼具人民教师和人民警察双重身份，因而也需要遵守警察职业伦理。对于未来同样要走上警

---

[1] 参见陈明传："警察伦理在警察大学之应用与推广"，载《台湾警察大学通识教育与警察伦理学术研讨会论文集》，2010年6月15日。

[2] 参见阎继忠："关于公安院校警务化管理科学化、规范化的几点思考"，载《中国人民公安大学学报（社会科学版）》2005年第6期。

察岗位的警校生而言，公安院校教师对警察职业伦理的态度更具有示范效应。

教师要转变教学的传统思维，不能过于偏重讲授警察职业所需要的业务知识，而忽视对学生进行警察职业伦理的培养。教师本身的不重视会使警察职业伦理成为学生学习的盲点。教师和管理干部在日常行为中要贯彻警察职业伦理的要求，坚持以身作则。这样才能做到为人师表，言传身教，使学生对警察职业伦理有切身的实际体验和发自内心的信服。如果警察院校教师自己都言行不一，破坏和违反警察职业伦理，无论理论上讲得多好，学生也不会心悦诚服。这种负面示范容易导致学生价值迷失，使其对警察职业伦理乃至警察职业本身丧失信心，更为严重的是还会引起学生的效仿，对警察法学人才的培养极为不利。

五、警察人权法治教育与培训[1]

人权保障应当被视为警察执法的终极目的，因而任何执法活动均不得以任何理由侵犯人权。警察侵犯人权只会使本已棘手的执法任务更加困难；执法者如果成了违法者，不仅是侵害人的尊严乃至法律本身，而且会妨碍有效执法。因而，《国家人权行动计划（2016－2020年）》提出把人权教育作为加强国家工作人员学法用法工作重要内容，将人权知识纳入党委（党组）的学习内容，列入各级党校、干部学院、行政学院的课程体系，列为警察等公职人员入职、培训必修课。

（一）公安院校的人权教育

中国警察学历教育阶段的人权教育主要是在公安院校展开的。

新中国成立后，公安干校在相当长的时期内发挥着警察教育培训的重要作用。党的十一届三中全会之后，警察学历教育兴起，全

---

[1] 本节内容是2018年为《中国人权事业发展报告2018》撰写的研究报告，因此除个别部分有所更新外，数据均为2018以前。

国各地陆续建立了100所正规的大、中专警察院校，恢复、改建了160多所警察成人院校，新建了近40所武警院校。自2001年开始，一批条件成熟的成人高等院校和人民警察学校合并申办普通高等专科学校并渐成规模。因而除了公安部直属五所院校外，[1]各省还设有举办普通高等教育的警察学院，主要分为四年制大学本科和三年制大学专科两个教育层次。1993年和1999年中国人民公安大学、中国刑警学院先后开始设立硕士研究生教育，2004年中国人民公安大学开设博士研究生教育，进一步提高了警察院校的办学层次。接受过警察院校学历教育的毕业生绝大部分均会通过招警考试进入警察岗位。

在接受学历教育过程中，人权教育主要是通过开设法律课程实现的。随着人权主流化的进展，在法学院的相关部门法课程中，已经涵盖了相当的人权内容。[2]将人权教育融入一般法学基础课程已经成为人权教育的共识。当前中国绝大部分公安院校中都成立了法学院（法律系、法律基础教研部），开设人权及相关法律课程（见表3-1）。

表3-1 警察院校开设人权相关课程情况

序号	院校名称	人权及相关法律课程
1	中国人民公安大学	人权法学、警察执法与人权、法理学、宪法学、刑法学、刑事诉讼法学、

---

[1] 最初分别为中国人民公安大学、中国刑事警察学院、中国人民武装警察部队学院、铁道警察学院和公安海警学院。2018年，随着公安现役部队改革和行业公安管理体制的调整，中国人民武装警察部队学院更名为中国人民警察大学，公安海警学院转隶武警部队，组建中国人民武装警察部队海警学院，南京森林警察学院划归公安部管理。目前公安部直属的公安院校仍为五所。

[2] 参见［冰岛］古德蒙德·阿尔弗雷德松等："关于人权教育融入法学及其他学科的思考"，载《人权》2016年第2期。

续表

序号	院校名称	人权及相关法律课程
2	山东警察学院	法理学、宪法学、刑事诉讼法学、刑法学、警察职业道德
3	北京警察学院	宪法学、刑法学、刑事诉讼法学、行政法与行政诉讼法学
4	浙江警察学院	法理学、宪法学、刑法学、刑事诉讼法学、证据法学、行政法与行政诉讼法学
5	福建警察学院	法理学、宪法学、刑法学、刑事诉讼法学、行政法与行政诉讼法、环境资源法、劳动与社会保障法
6	江西警察学院	法理学、宪法学、刑法学、刑事诉讼法、行政法与行政诉讼法、国家赔偿法、环境法与资源保护法、劳动法与社会保障法
7	河南警察学院	法理学、宪法学、刑法学、刑事诉讼法学、行政法与行政诉讼法、
8	湖南警察学院	警察执法与人权、法理学、宪法学、刑法学、刑事诉讼法学、行政法与行政诉讼法学、证据法学
9	广西警察学院	警察执法与人权保护、法理学、宪法学、刑法学、刑事诉讼法学、行政法与行政诉讼法学、环境与资源保护法
10	云南警官学院	法理学、宪法学、行政法与行政诉讼法学、刑法学、刑事诉讼法学、环境与资源保护法、劳动与社会保障法。

资料来源：上述各警察院校网站。

　　警察院校主要是通过法律基础、法理学、宪法学以及刑事诉讼法学等法律课程的传授对学生进行人权理念的教育。法律基础和法理学作为必修课在警察院校普遍开设，人权的基本理念和原则、法与人权的关系等是其讲授的重点内容之一，这对于培养学生的人权法治意识、理念具有十分重要的意义。宪法学的讲授有助于学生理解公民基本权利和人权保障宪法精神，刑事诉讼法学引导学生关注对被告人的诉讼权利的保障，刑法学使学生对罪刑法定、刑法适用平等和罪责刑相适应三大原则有深入的理解。此外，环境法涉及公民环境权、劳动法与社会保障法涉及公民劳动权等。上述法律课程涉及大量的人权内容，是对警察院校学生进行人权教育的重要阵地。[1]

同时，部分警察院校还开设有专门的人权课程，如中国人民公安大学开设了人权法学和警察执法与人权两门课程，湖南警察学院开设了警察执法与人权课程，[2]广西警察学院开设了警察执法与人权保护课程[3]等。

(二) 警察在职人权教育与培训

警察在职培训是接受人权教育的重要途径。一直以来，公安部十分重视警察的在职培训，2017年公安部部门预算中，教育（类）科目的投入达到75 000.35万元。[4]《公安机关人民警察训练条令》第4条规定，公安机关人民警察训练的目的是提高队伍的整体素质和执法水平，增强履行职责的能力，努力打造一支信念坚定、执法为民、敢于担当、清正廉洁的公安队伍。公安部《2014－2017年公安民警培训规划》指出，"忠诚、为民、公正、廉洁"为主要内容的人民警察核心价值观、公安民警履职必备知识和实战技能是培训的重要内容。

---

[1] 参见化国宇："我国的公安人权教育：现状及完善"，载《人权》2016年第4期。

[2] 参见《湖南警察学院2017年招生简章》，载http://www.hnpolice.com/show.aspx? id=21946&cid=225。

[3] 参见陈华等："警察院校人权法教学问卷调查报告——以广西警察学院为例"，载《西部素质教育》2017年第6期。

[4] 参见《公安部2017年部门预算》，载http://app.mps.gov.cn：9000/gdnps/content.jsp? id=5679786。

表 3-2　2017 年公安民警培训规划

培训组织部门	培训对象	培训人数	培训内容
公安部	省级公安机关领导班子成员	50 名左右	到中国浦东干部学院等国家级干部教育培训机构培训
公安部	省级公安机关、省会市和计划单列市公安机关内设机构正职领导	800 名左右	参加警种、部门专业培训
公安部	地市公安局局长	100 名左右	
公安部	县级公安局局长、政委参加培训	600 名左右	
公安部	市、县公安局局长	100 名左右	赴香港研修学习
公安部	公安厅（局）级后备中青年领导干部	80 名左右	到公安部培训基地参加为期 3 个月左右的学习研讨，其间组织赴基层公安机关实地考察，并赴井冈山、延安开展党性教育
公安部政治部联合各警种、部门	省、市级公安机关警种、部门业务骨干	3000 名左右	专业培训班
公安部政治部联合各警种、部门	公安部机关处级干部	总人数的 1/4	
公安部政治部	晋升三级警监警衔培训	2000 名左右	

续表

培训组织部门	培训对象	培训人数	培训内容
公安部	高、中、初级专业技术资格人员	1000名左右	参加知识更新培训
省级公安机关或授权、委托市级公安机关	基层派出所所长、队长	不少于总人数的1/4	社区警务、群众工作、执法执勤等为主要内容
全国各级公安机关	基层和一线民警	每人每年培训时间累计不少于15天	实战训练

资料来源：根据公安部《2014—2017年公安民警培训规划》整理而成。

1. "执法为民"核心价值观教育

"执法为民"是具有中国特色的表达，其核心是全心全意为人民服务，秉持忠诚、为民、公正、廉洁的人民警察核心价值观，强调不能将"执法"看作强制、管理的手段，而是要发挥其"为民"服务和人权保障的功能。因此，执法为民的基本要求就是保障人权，践行人民警察全心全意为人民服务的宗旨。具体而言，"执法为民"核心价值观要求人民警察：一是积极预防、严厉打击各种违法犯罪活动，全力维护社会治安秩序，保障人民群众的合法权益不受侵害；二是切实加强和改进各项警察执法管理工作，为人民群众的生产、生活提供优质服务和更大的便利，维护和保障人民群众的切身利益。

一方面，公安部通过入警宣誓制度强化"执法为民"理念。2021年公安部《公安机关人民警察誓词》中强调"对党忠诚、服务人民、执法公正、纪律严明"，将"捍卫政治安全、维护社会安定、保障人民安宁"作为中国警察的奋斗目标。这表明了中国警察所承担的保障人权的职责。通过认真组织入警宣誓、重温入警誓词等活动，教育引导广大民警牢记面向警徽作出的庄严承诺，自觉践行服务人民的根本宗旨，始终坚守执法公正、保障人权的价值取向。

另一方面，中央和地方公安机关开展"执法为民"主题教育活动。2015年10月起，公安部曾在全国公安机关部署开展了"秉公执法、人民公安为人民"主题教育活动，各地公安机关强化学习教育、筑牢秉公执法和为民服务的思想基础，并以此为导向深入排查纠治群众反映强烈的突出问题，解决了一大批涉及群众切身权益的执法服务问题。其中，通过梳理群众来信来访、110投诉、12389公安机关和民警违法违纪举报以及新闻媒体披露的案件，从中发现侵害群众权益的问题和违法违纪的线索。各地公安机关深入排查、纠治了一大批对待群众态度生硬、推诿扯皮、耍特权、"门难进、脸难看、话难听、事难办"等服务态度问题，有警不接、有案不立、打击不力、推诿塞责等不作为问题，越权办案、隐案瞒案、弄虚作假、包庇纵容等乱作为问题，违规采取强制措施、案件久拖不决、乱收乱罚等执法不公问题，滥用警力、警务辅助人员管理混乱、涉案财物管理不到位以及执法办案场所、枪支警械和车辆管理使用制度不落实等问题。各地公安机关主动探索实践，在深化社会管理服务创新中，因地制宜推出一大批便民利民措施。主题教育期间，山东等地公安机关及时公布了办事流程和时限承诺，并在有条件的窗口单位推行"代办、代送、邮寄"服务，为偏远地区群众以及老、弱、病、残等特殊群众上门服务。陕西省蓝田县公安局主动与西安市公安局户政处、蓝田县民政局等相关单位联系协调，着力解决县域山岭地区非婚生子女多、群众申报户口意识不强造成大量人员无户口，上学难、打工难以及低保、养老保险无法落实等问题。[1]"执法为民"思想政治教育的开展，积极回应了人民群众对人民警察在服

---

[1] 参见赵婧夷："全国公安机关'秉公执法、人民公安为人民'主题教育活动综述"，载http://www.mps.gov.cn/n2254098/n4904352/c5141612/content.html。

务人民、保障人权方面的期待和要求，取得了扎实成效。2017年，中共中央进一步强化了政法队伍"执法为民"思想政治教育，于2017年1月印发了《关于新形势下加强政法队伍建设的意见》，其中明确提出要加强思想政治建设，培育和践行政法职业精神。[1]各地公安局也在2017年开展专题思想政治教育，不断强化"执法为民"理念。如2017年8月1日起北京市公安局组织开展了为期2个月的"公正执法护平安"主题教育活动，开门接受群众监督、诚心征求群众意见；[2]2017年3月，江苏省泰州在全市公安机关开展"忠诚、担当、公正、清廉"的主题教育活动，把群众是否满意作为衡量和检验主题教育活动的根本标准；[3]2017年11月，湖南省安仁县公安局组织开展了"不忘初心、牢记使命、执法为民"主题教育实践活动；[4]2017年11月，内蒙古自治区伊金霍洛旗公安局组织开展社会主义核心价值观宣传教育活动；[5]等等。

2. 人权法治知识与技能培训

公安民警履职必备知识包含了与人权保障相关的重要法律法规的理解与应用。2017年地方公安机关开展了《刑事诉讼法》《中华人民共和国人民警察使用警械和武器条例》《中华人民共和国反家

---

〔1〕 参见《中共中央印发〈关于新形势下加强政法队伍建设的意见〉》，载http://www.gov.cn/zhengce/2017-01/18/content_5160989.htm。

〔2〕 参见"北京开展'公正执法护平安'主题教育活动"，载http://www.bjgaj.gov.cn/web/detail_getArticleInfo_454089_col1169.html。

〔3〕 参见《关于印发〈全市公安机关"忠诚、担当、公正、清廉"主题教育活动实施方案〉的通知》，载http://xxgk.taizhou.gov.cn/xxgk_public/jcms_files/jcms1/web6/site/art/2017/4/12/art_441_149720.html。

〔4〕 参见"安仁县公安局开展"不忘初心、牢记使命、执法为民"主题教育活动"，载http://www.sxzzw.gov.cn/news/201711/17_164037_4794.html。

〔5〕 参见"伊旗公安局组织开展社会主义核心价值观宣传教育活动"，载http://www.yjhl.gov.cn/yqxxgk_zyk/qq_yjhlq_10367/qq_yjhlq_0252/201711/t20171124_2042157.html。

庭暴力法》等法律法规的培训。[1]此类法律法规培训对于提升警察的人权法治理念，规范执法活动具有重要的作用。

同时，2017年，公安部强化了公安执法规范化等执法技术培训。公安规范执法是公安机关认真对待人权的具体表现和逻辑结果，开展规范化的公安执法活动过程同时就是履行其保障人权和公民权利的义务的过程。[2]2017年1月9日公安部举办了第二期全国公安机关规范执法视频演示培训会，这是继2016年7月26日举办第一期全国公安机关规范执法视频演示培训会后，再次通过视频演示对全国百万公安民警进行集中培训。其中涉及查验居民身份证、对"医闹"事件的处置、对群众围观拍摄民警现场执法的处置、电动自行车通行秩序管理等10余个具体执法情形，通过一线优秀民警的视频实战演示，对于民警在一线执法时"如何规范做"、如何以对公民权利的最小限制达到执法目的给予直观清晰的解答，为基层一线民警提供更加健全、完备、可操作的执法指引，更好地保障人权，进一步提高执法质量和执法公信力。[3]时任国务委员、公安部部长郭声琨在2017年1月9日第二期全国公安机关规范执法视频演示培训会上强调，要坚持不懈地加强执法规范化教育培训，不断提升公安执法公信力和人民群众满意度。[4]

3. 反腐倡廉警示教育

腐败行为导致广泛的人权侵害。在一些腐败形式中，滥用公职

---

[1] 参见"关于举办全区森林公安机关新录用公务员（人民警察）初任培训班的通知"，载http://www.impta.com/dangzhengqungwy/20161110111313.asp；参见《广东省公安厅、省妇联联合举办全省反家庭暴力业务培训班》，载http://www.nwccw.gov.cn/2017-11/20/content_185758.htm。

[2] 参见张彩凤、刘洋："公安执法规范化的法理逻辑"，载《中国人民公安大学学报（社会科学版）》2011年第5期。

[3] 参见"公安部举办第二期全国公安机关规范执法视频演示培训会"，载http://www.mps.gov.cn/n2253534/n2253535/n2253537/c5593773/content.html。

[4] 参见"坚持不懈加强执法规范化培训"，载《人民日报》2017年1月11日，第4版。

本身就构成了对人权的损害；在另一些腐败形式中，滥用公职本身并不构成对人权的损害，但是其牟取私利的环节必然或可能导致对人权的损害。[1]因而有学者指出，腐败是国家履行保护改善人权义务的最大障碍之一。[2]

警察的腐败行为是诱发非法拘禁、刑讯逼供、徇私枉法等侵犯公民权利犯罪的重要原因之一。对警察进行反腐倡廉警示教育，是人权教育的重要内容。

一方面，公安机关通过规划、纪律和内部规定等形式做出严格要求。如2014年2月，中共公安部委员会《关于贯彻落实〈建立健全惩治和预防腐败体系2013—2017年工作规划〉的实施办法》的通知提出，到2017年，公安队伍违纪违法问题易发多发态势得到有效遏制，不想腐的保障机制、不能腐的防范机制、不敢腐的惩戒机制进一步健全并有效运行，广大民警廉洁自律意识和拒腐防变能力明显增强，纪律作风扎实严明，精神面貌有新的好转，执法公信力有新的提升，干警清正、队伍清廉、政治清明的良好氛围在公安机关进一步形成，人民群众对公安机关的满意度明显提高。2017年3月，公安部党委印发《2017年公安机关党风廉政建设和反腐败工作要点》，明确2017年公安机关党风廉政建设和反腐败工作的总体要求以及7个方面25项具体内容。

另一方面，对于涉警贪腐案件采取"零容忍"，依法依规依纪进行教育和处理，起到相应的警示作用。2015年，中央纪委驻公安部纪检组开展提醒谈话、诫勉谈话和函询200多人次，给予党纪政纪处分49人；2016年，开展提醒谈话、诫勉谈话和函询300多人次，给予党纪政纪处分54人；2017年1月到10月，开展提醒谈话、

---

[1] 参见孙世彦："腐败如何损害人权"，载《法制与社会发展》2013年第6期。
[2] 参见[秘鲁] 约塞·阿维拉·赫雷拉："腐败：现代人权的敌人"，载《人权》2015年第2期。

诫勉谈话和函询 261 人次，给予党纪政纪处分 42 人。[1]中纪委驻公安部纪检组牵头修订了《公安部通报曝光违纪问题工作规定》，2016 年~2017 年两年间已通过中央纪委监察部网站、警示教育片、警示教育展、各类会议等形式通报曝光违纪问题 230 余起。[2]2017 年，吉林省公安机关开展基层"微腐败"整治，各级公安纪检部门共受理"三项整治"信访举报 608 件 700 人，全部进行了初核，已立案处理 89 起 139 人。给予党政纪处分 128 人次，组织处理 22 人次，移送司法机关 6 人。吉林省公安厅还向社会公布了 20 起基层涉警"微腐败"典型案件，[3]对有案不立、推诿扯皮、以案谋私、滥用职权等侵犯公民人身、财产和诉讼权利的腐败行为予以惩处。

(三) 进一步加强警察人权教育与培训的建议

1. 人权教育法定化

我国《人民警察法》第 29 条对警察教育作了明确规定："国家发展人民警察教育事业，对人民警察有计划地进行政治思想、法制、警察业务等教育培训。"这一规定使警察教育作为一项法律制度被确定下来。而规定更为具体的《公安机关人民警察训练条令》中，虽然对不同的训练种类对应的训练内容进行了详细列举式的规定，但没有将"人权知识和理念"明确纳入训练内容。人权作为警察教育的必要内容，应明确体现在法律之中，避免开展人权教育存在较大的任意性。

2. 注重警察人权素养和思维的塑造

警察学习人权知识，或者执法实践中一些人权保障的具体手段并非不重要，但这并不是解决警察执法与人权之间紧张关系的治本

---

[1] 参见"驻公安部纪检组加大执纪审查力度"，载 http://www.legaldaily.com.cn/legal_case/content/2017-10/18/content_7360714.htm? node=81780。

[2] 参见"驻公安部纪检组加大执纪审查力度"，载 http://www.legaldaily.com.cn/legal_case/content/2017-10/18/content_7360714.htm? node=81780。

[3] 参见"吉林公布 20 起基层涉警腐败案件"，载《人民日报》2017 年 12 月 11 日，第 11 版。

之策。警察人权教育的根本目的在于树立起公安民警尊重和保障人权的价值理念，促使警察职业建立起普遍的人权文化。这种价值理念的塑造，不可能一蹴而就，也不是纯粹的实战技巧的掌握，而是通过系统的人权理论的学习和把握，认同人权的重要性，明确人权保障的正当性与合法性，形成保障人权的思维模式，将人权价值体系内化为警察群体核心价值观的一部分。

3. 编写警察专用的人权教材，制定执法人权指南

警察人权教学的开展之所以需要专门的人权教材，是由警察群体与一般民众接受人权教育目标的异质性决定的。应当说，对公民或在校学生进行人权教育，目标是"守护你的权利"，而对公安民警进行人权教育，则是以"不要侵犯他人的权利"作为目标。因而，专门教材的编写对于警察人权教育至关重要。公安部于2012年8月启动新一轮公安专业规划教材，确定了58种训练大纲、120种统编教材，基本上已经覆盖法学和公安学的所有学科。下一步，上级公安机关应当组织力量编写人民警察高等教育人权法教材，以利于开展人权法教学。

同时，由于警察是一线执法者，其掌握的人权理念和知识有很强的可实践性。因而，这一群体的人权教育不仅是要在书中学，还要"从做中学"。公安机关应制定人权执法指南，为警察执法提供行为指引。警察在处理案件时，就需要翻阅指南，然后将指南的人权要求适用于具体个案，每个案件的处理，都是一次人权教育的机会，从而不断加深其对人权的领悟和理解。

4. 整合警察人权教育与培训资源

警察院校在人权研究和教学方面，与国内一些著名法学院校相比仍然存在着不小的差距。除了学习和借鉴之外，还应当积极开展交流合作，互通有无。当前仅仅依靠警察院校自身开展警察人权教育是远远不够的，在师资、教材、课程设计和培训经验方面都存在困难和不足。但是警察院校在警察学科方面具有优势，熟悉警察执

法中的实际理论需求,同时也具备一般高校所没有的行业内的动员能力,这就为开展警察人权教育合作打下了基础。

除了与国内较早开展人权教育的法学院校合作以外,国家人权教育与培训基地的成立为开展警察人权教育合作带来了新的契机。自2011年起,分两批在南开大学、中国政法大学、广州大学、中国人民大学、山东大学、武汉大学、复旦大学和西南政法大学八所高校设立了国家人权教育与培训基地。[1]基地的主要任务之一,就是对公务人员开展人权培训,帮助国家公职人员确立尊重和保障人权的态度和行为方式。[2]

个别公安院校在国际合作方面已经积累了一些警察人权教育的经验。例如,2002年湖南大学与丹麦人权研究所、湖南警察学院共同举办的"警察执法与人权保护"国际合作项目,对湖南省县级以上的大多数公安局局长进行了为期10天的培训。通过加强警察人权教育的国际合作,一方面,有利于警察人权教育经验的交流,提升中国警察执法中的人权保障水平;另一方面,也有助于进一步提升中国警察的国内外形象,表明中国政府在警察人权保障领域的积极作为和正面立场。

(部分内容原载《中国人权事业发展报告2018》,
社会科学文献出版社2018年版;
《广西警察学院学报》2016年第3期)

---

〔1〕 2020年中宣部、教育部联合下发通知,批准华中科技大学人权法律研究院、吉林大学人权研究中心、西北政法大学人权研究中心、中南大学人权研究中心、东南大学人权研究中心、北京理工大学科技与人权研究中心成为第三批国家人权教育与培训基地。

〔2〕 参见常健:"国家人权教育与培训基地的职责和工作机制",载《人权》2014年第4期。

第四章 警察与环境执法：我国环境警察权研究

当前，基于我国面临的严峻环境形势，很多学者提出了借鉴国外做法，构建中国环境警察体制的理论设想。在实践中，我国不少省份纷纷成立专司环境保护的警察执法队伍以强化环境执法力度。如河北省公安厅、辽宁省公安厅和重庆市公安局等成立了环境安全保卫总队，江苏省公安厅设立食品药品和环境犯罪侦查总队，贵州省公安厅成立了生态环境安全保卫总队，等等。[1]各市、县公安机关也相应组建环境执法支队和大队。从实际效果上看，警察权在环境保护领域的积极作用已经开始凸显，极大改变了以往环境执法手段偏软、强制性不足的状况。但是，由于在理论上对环境警察权缺乏深入研究，其在各地实践中的配置方法和运行机制尚未形成统一模式，更遑论对其进行规制。警察权的自主扩张性易导致环境执法过程中警察权的滥用问题。与此同时，随着环境警察介入环保的程度日益加深，其与环保部门联合执法、联勤联动愈加频繁，出现了其与环境行政执法部门权限重叠交叉、模糊不清的情况，亟需在理论上廓清。当前，学界对警察权的分类研究集中于警察行政权与警察刑事司法权的传统划分，对于不同警种的警察权的分类研究相对

---

[1] 本文发表于2018年，当时环境警察的地方实践刚刚开展。2019年，公安部成立食品药品犯罪侦查局，统一承担打击食品药品领域犯罪、侵犯知识产权犯罪、生态环境领域犯罪三项职责。这意味着环境警察权在中央层面得到进一步整合，向公安环境执法专门化迈进。

较少。这种状况并不利于警察权的规范化运行。综合上述原因，对环境警察权进行精细化研究极有必要。

环境警察权并非全新的权力，而是基于现实中环境执法专业化的需要，逐步从其他警察权（如治安警察权、刑事警察权）中分离并重新整合而成的警察权类型。根据我国学者的既有研究，可以将环境警察权定义为：法律赋予警察机关执行有关环境保护法律规范，制止、惩罚环境违法行为，侦查、打击破坏环境资源保护的犯罪行为的权力。[1]因此，在环境警察队伍建立的地方，当前法律赋予警察的职权中涉及环境保卫的部分，均可整合并归于环境警察行使，从而形成新的统合的环境警察权。也因此，本章所使用的环境警察权，正是就身份意义上的警察而言，即应当由环境警察这一新兴警种所行使的职权。本章将从来源要素、主体要素、运行要素、对象要素和保障要素对我国环境警察权进行耙梳和廓清，以期对环境警察的未来发展提供理论上的助益。

一、环境警察权的来源

环境警察及其职权的正当性取决于来源要素。来源要素是行使环境警察权的直接依据，决定了环境警察权的权限、范围、性质。[2]环境警察权的来源方式包括权力设定、内部分配、行政授权、委托等，以下分述之。

当前，我国环境警察权主要集中设定于刑事司法领域，其直接来源是《人民警察法》和《中华人民共和国环境保护法》中的相关规定。前法第6条赋予公安机关及其人民警察依法预防、制止和侦查违法犯罪活动的职权；后法第69条规定违反该法构成犯罪的，依法（由公安机关）追究刑事责任。两部法律并行构成了公安机关打击环境

---

[1] 参见邢捷："论我国环境警察制度的构建"，载《中国人民公安大学学报（社会科学版）》2012年第2期。

[2] 参见刘启川："我国交通警察权的内部构造及其展开"，载《东方法学》2016年第5期。

刑事犯罪的合法性依据,暨刑事司法领域的环境警察权的运作前提。

在行政法领域,由于世界范围内经历了"脱警察化"的历史进程,[1]环境行政管理与行政处罚事项已逐步从警察权中剥离出来,在我国亦如是。当前,绝大部分环境行政事项归属环境保护行政主管部门,涉及城市管理的环保事项则由城管部门负责,已不再被归入警察权管辖事项。但《中华人民共和国环境保护法》第63条创设了环境行政拘留,并将这一权限划归公安机关,构成环境警察行政拘留处罚权的合法性来源。噪声污染和危险化学品管理属于环境行政中的特殊领域,它们不仅是环境保护事项,还辐射社会治安领域,因而警察权并未从这两类环保行政事项中完全退出,其行政管理和行政处罚的权限仍部分地归于公安机关。《中华人民共和国环境噪声污染防治法》和《人民警察法》分别将社会生活噪声、交通运输噪声的污染防治和易燃易爆、剧毒、放射性等危险物品公共安全管理的职权授予公安机关;《治安管理处罚法》第58条还明确规定了公安机关对制造社会生活噪声的行政处罚权。因而从当前的情况看,环境警察权并未完全限缩在刑事领域,而是延伸到部分环境行政之中。

环境警察权的内部分配使其行使更加细化,其本质是对已经创设的环境警察权通过行政法规和部门规章进行二次配置。根据《环境保护行政执法与刑事司法衔接工作办法》,环保部门在查办环境违法案件过程中,发现涉嫌环境犯罪案件应向同级公安机关移送,因此环境犯罪侦查在实践中成为各地环境警察的主要职责。同时,根据《行政主管部门移送适用行政拘留环境违法案件暂行办法》,公安机关有权适用环境行政拘留,在设立环境警察队伍的地方多交由环境警察负责。需要注意的是,我国在林区设立了隶属于林业主管部门的森林公安机关,涉及森林的环境行政拘留和环境犯罪侦查权由森林警察行使。因而环境行政拘留权和侦查权依据是否属于林

---

[1] 关于"脱警察化"历史的研究参见陈鹏:"公法上警察概念的变迁",载《法学研究》2017年第2期。

区而由地方公安机关和森林公安机关分掌。噪声污染防治方面，虽然社会生活噪声和交通运输噪声的污染防治都被纳入警察权，但在具体分配上，考虑到职权行使的便利性，后者依据《中华人民共和国道路交通安全法实施条例》第62条被划归交通警察负责，纳入交通警察权，故只有前者可纳入环境警察职权。但是，根据《城市管理执法办法》和《中共中央、国务院关于深入推进城市执法体制改革改进城市管理工作的指导意见》，社会生活、建筑施工噪声的管理和处罚均划归城管，这就意味着生活、建筑噪声的治安属性弱化，而被视为纯粹的城市环境管理事项，因此今后很可能从警察权中完全剥离。但是由于尚未出台法律层面的规定，《中华人民共和国环境噪声污染防治法》和《治安管理处罚法》也尚未作出修改，这一变化目前还存在违反上位法之虞。在危化品管理方面，《危险化学品安全管理条例》明确了公安机关对剧毒化学品购买和道路运输通行行使许可权，并履行对危化品日常公共安全及其运输车辆的道路交通安全进行管理和处罚的职权。虽然危化品管理原则上可以划归于环境警察，但基于行政事务的自身属性以及职权行使的便利性，危险化学品道路运输通行许可及危险化学品运输车辆的道路交通安全管理职权被从中析出，归于交通警察。

　　从以上对环境警察权的来源要素分析可以看出，我国环境警察权主要定位在环境行政处罚中的行政拘留权和环境犯罪侦查权，目前除噪声防治和危化品管理这样的特殊领域外，警察权几乎完全从环境行政领域撤出。这与近代以来国家法治主义主张限缩警察权，促使其从很多无需警察强制的行政场域退出的潮流相关，也与1949年成立以来警察概念的政治化有关——对于并不危及国家统治秩序和公共安全的事项，警察不再有介入的必要性。[1]

---

〔1〕 2014年《中华人民共和国环境保护法》修改增加了环境行政拘留的规定，意味着警察权向环境行政领域回归。这是立法者对当前国家生态环境所面临的严峻形势的回应，也表明我国对"国家生态安全"这一非传统安全有了更进一步的认识。

经过行政法规和部门规章二次配置的环境警察权在管辖上需要通过行政授权做进一步分工。地方环境警察总队、支队和大队各级的管辖权分工具有行政授权性。笼统地说，根据公安机关组织授权原则，大队在其所属的县一级对环境案件行使管辖权，中队在地级市范围内对跨县域环境案件进行组织、指导、协调或直接行使管辖权，总队则在省一级范围内对跨市环境案件进行组织、指导、协调或直接行使管辖权。同时，各级环境警察对于同级环保部门移送案件以及同级党委政府和上级公安机关交办的环境案件行使管辖权。

随着国外警务社会化（民营化）理论与实践的展开[1]，以及我国辅警大量参与警察任务的现实，环境警察权当然也存在通过委托方式获得的可能性。但是，目前根据《中华人民共和国行政处罚法》（以下简称《行政处罚法》）、《中华人民共和国行政强制法》以及《关于规范公安机关警务辅助人员管理工作的意见》等法律法规，有关主体通过委托的方式获取的警察权极为有限。其中，协助盘查、堵控有违法犯罪嫌疑的人员、保护案件现场及制止环境违法犯罪行为等职责可以委托辅警承担，但案件的现场勘查、侦查取证、事故责任认定、执行强制措施、审讯或独立看管违法犯罪嫌疑人等实质性职权不得委托。在一般刑事案件中，技术鉴定须由公安机关刑事技术部门负责，不得委托。但由于环境犯罪中技术鉴定难度较大、专业性强，公安机关难以承担，因此在实际操作中只能委托具备资质的环境检测机构进行。

二、环境警察权的主体

环境警察权的主体是环境警察权的行使者，这意味着其履行打击环境违法犯罪行为的职权，也承担由此而产生的法律责任。一般

---

[1] 相关研究参见熊一新："警务改革背景下我国警务辅助力量建设——以英国和我国香港特别行政区辅警制度及警务改革为视角"，载《中国人民公安大学学报（社会科学版）》2014年第4期；王智军："警事治理：国家警事社会化的新理解"，载《中国人民公安大学学报（社会科学版）》2005年第1期。

而言，环境警察权主体属于行政权力主体的一个子类，后者既包括在行政管理过程中的行政组织，也包括组织内部实际运用行政权力的工作人员。[1]因此环境警察权的主体要素也应当包含两个维度，即环境警察主管机构和作为个体的环境警察。一般而言，抽象环境警察权只能由环境警察主管机构行使，如掌握环境犯罪动态，分析犯罪信息和规律，拟定预防、打击对策，落实环境安全保卫工作规范，组织、指导、协调侦办涉及环境犯罪的刑事案件等，而具体的环境警察权如环境犯罪案件侦查、搜查、先期处置、强制措施执行等则由环境警察个体具体负责。

世界范围内，环境警察主管机构的组织形态有以下几种。一是俄罗斯的独立模式，采用莫斯科市政府出资、内务部出人的办法组建"莫斯科预防环境违法警察管理局"作为独立的环境警察机构；二是德国的警察部门主管模式，环境警察归属于联邦内政部；三是澳大利亚的环保行政部门主管模式，各州组建环境警察归环保局领导，隶属于环保行政部门。[2]特别值得提及的是美国，美国虽然并未设立专门的环境警察部门，但是根据1988年里根总统签署的《医疗废物追踪监督法》，美国环境保护署（EPA）被授予了警察刑事执法权，负责侦查威胁健康和环境的犯罪行为，[3]这种根据实际需要授予环保行政部门以一定警察权的做法，具有明显的实用主义色彩。

就我国而言，中央一级尚未成立专门的环境警察机构，全国的环境警察职责目前由公安部治安局、国家林业和草原局森林公安局分别承担。在地方，林区设立森林公安局主管森林环境警察事项，

---

[1] 参见葛荃："行政权力主体与行政关系主体析论——基于行政哲学的视角"，载《中国行政管理》2009年第11期。

[2] 参见吕中诚："环境警察权的构成要素"，载《四川警察学院学报》2014年第1期。

[3] 参见邢捷："论警察执法生态化"，载《环境保护》2015年第7期。

而其他地区环境警察事项则由地方公安机关管辖。[1]前文已提及，不少地方公安机关已经开始了环境警察专业化的尝试，采用队建制形式成立了专门的环境警察队伍。

环境警察权的行使主体同时也是责任主体。无论是环境警察主管机构还是环境警察个人，都需要为其不当行使环境警察权的行为承担相应的责任。但仅就行政诉讼资格而言，只有环境警察主管机构才具有诉讼主体资格。因此，地方环境警察总队、支队和大队本身作为公安机关的内设执法勤务机构，不具备诉讼主体资格，其所隶属的地方公安机关（厅、局、分局）才是适格主体。在林区，地方森林公安机关（局、分局）则是符合诉讼主体资格要求的。昆明市公安局设置的环境保护分局在全国范围内属于较为特殊的情况，与既作为地市级公安机关的派出机构同时又作为区级政府组成部门的公安分局具有行政诉讼被告资格不同，环保分局仅仅是昆明市公安局的派出机构。因而根据2018年《最高人民法院关于适用〈中华人民共和国行政诉讼法〉的解释》第20条，法律、法规或者规章没有规定，行政机关授权其派出机构行使行政职权的，属于《中华人民共和国行政诉讼法》第26条规定的委托。由此，当事人不服提起诉讼的，应当以委托的行政机关为被告。昆明市公安局环境保护分局即属于此种情况，因而其不享有诉讼主体资格，其行使环境警察权的后果仍须由昆明市公安局来承担。

三、环境警察权的运行

警察权的行使会对公民个人自由与权利形成重大限制，因此应遵守必要的原则。警察权的运行原则是运行要素的重要构成。警察权的

---

[1] 2019年，公安部成立了食品药品犯罪侦查局。2020年，根据中央机构改革的有关决定。按照"警是警、政是政、企是企"的原则，森林公安整体划转到公安部实行统一领导管理，业务上接受林草部门的指导。森林公安机关职能保持不变，继续承担森林资源保护、森林草原防火等职责。

运行需要遵循警察公共原则、警察比例原则以及警察程序原则。[1]

警察公共原则要求警察权的行使要遵循不可侵犯私人生活原则、不可侵犯私人住所原则以及不干涉民事原则三个子原则。[2]就第一个子原则而言，私人生活领域主要的判断者是立法者。法律在进行授权时，对于纯粹私人生活领域不应授权警察介入。换言之，在立法阶段，立法者对属于私人生活领域和公共生活领域的界分实际上已经做出判定，因而在法治国中由法律授权环境警察介入的领域已不存在侵犯私人生活之虞。不可侵犯私人住所原则，不是指警察权绝对不允许进入私人住宅，而是指警察进入住宅要受到严格的限制，即必须满足法律所设定的必要条件方能进入。当前环境警察权与住宅权的接触主要存在于刑事侦查阶段，即对公民住宅等场所进行刑事搜查，我国的《刑事诉讼法》对此已作了相应的规定。只要按照《刑事诉讼法》规定的程序对涉嫌环境犯罪的嫌疑人的住处或其他场所进行搜查，就应当认定其符合不侵犯私人住所原则。[3]在环境行政执法领域，目前环境警察除因噪声、危化品等违反治安管理事由依据《治安管理处罚法》检查公民住宅等相关场所外，非因特殊或紧急情况，还不存在以环境行政违法为由检查公民住宅等场所的法律依据。最后，根据不干涉民事原则，对于不涉及刑事犯罪的纯粹的环境损害侵权案件，环境警察权不应介入。

警察比例原则要求对基本人权得以制约的界限与公益上的必要性具有比例关系。[4]这一原则虽尚未明确成为我国法定的基本原

---

[1] 参见陈兴良："限权与分权：刑事法治视野中的警察权"，载《法律科学（西北政法学院学报）》2002年第1期。

[2] 参见[日]田口守一：《刑事诉讼法》，刘迪等译，法律出版社2000年版，第37页。

[3] 关于警察权与住宅权之间关系的详细探讨可参见沈国琴："风能进、雨能进、警察不能进——警察权与住宅权关系的合理重构"，载《河南警察学院学报》2017年第6期。

[4] 参见[日]田村正博：《警察行政法解说》，侯洪宽译，中国人民公安大学出版社2016年版，第35页。

则,但是在《治安管理处罚法》第 5 条、《行政处罚法》第 5 条以及《中华人民共和国人民警察使用警械和武器条例》中都有一定的体现。笔者认为,《中华人民共和国环境保护法》第 63 条环境行政拘留之规定,恰恰是立法者在对环境违法行为的严重程度、损害生态法益的严重程度以及公民基本权利进行了充分的比例衡量之后,才作出创设此类环境警察权的决断。立法者在立法时虽然对比例原则已有考量,但由于立法仍会为警察权运行预留一定裁量空间,因而在环境警察权实际运行过程中,公安机关作出的行政处罚,使用的强制措施、侦查手段乃至环境应急处置的权限(如紧急征调、紧急排险和紧急管制)都应接受比例原则的审查。

警察程序原则是指警察权的行使应当严格按照法定的程序。刘启川认为警察权程序性要素至少具有两方面效能。[1]其一,程序性要素是环境警察权有效彰显的前提,环境违法犯罪行为人将通过程序全面地感知环境警察权于己的实效,是环境警察行为效力的外化,在实体法外补强其正当性;其二,为保证环境警察权顺畅运行,实体法为其预留了一定的裁量空间,程序原则能有效抑制裁量失当等权力恣意行为。《人民警察法》《刑事诉讼法》《行政处罚法》《治安管理处罚法》等法律中相关程序性规定为环境警察权行使提供了上位法依据。但是环境警察权的运行具有一定的特殊性,尤其是具备一定的生态化特征,即环境警察的执法活动应符合生态科学的基本规律。环境违法犯罪案件在调查取证、办案程序、办案时限等方面都与一般的治安、刑事案件存在明显差异。因此,《行政主管部门移送适用行政拘留环境违法案件暂行办法》就环境违法案件的移送批准、案卷移送、移送期限、证据补充、行政拘留决定、案卷退回等行使环境警察行政拘留权的程序作出了专门规定。《环境保护行政执法与刑事司法衔接工作办法》则对案件移送、法律监督、证

---

[1] 参见刘启川:"我国交通警察权的内部构造及其展开",载《东方法学》2016 年第 5 期。

据的收集与使用、环境行政执法与刑事司法协作、信息共享等行使环境警察刑事侦查权程序作出了专门规定。尤其是在环境行政执法与刑事司法协作方面,有些地方考虑到环境警察权运行的特殊性,建立了环保部门、公安机关的联席会议和联勤联动机制。这是基于环境行政违法与环境犯罪的界限并非泾渭分明,时常是一种量的渐变、转化的关系,因而环境行政执法阶段就需要通过会商或联动确保环境警察权适时提前介入,以防止犯罪嫌疑人员逃匿或者证据因人为或自然原因灭失;经公民举报或公安机关主动发现的涉嫌环境犯罪的行为,环境警察无疑会先于环保部门介入案件,但在环境专业方面仍需要环保部门提供监测或者技术支持;环境行政执法中有时会遇到恶意阻挠、恐吓或者暴力抗法的情况,需要借助警察权采取一定强制措施。当前环境警察权运行过程中的生态化因素与现行程序性规定仍然不能完全匹配。如办案期限方面,由于证据的采集和检测认定都需要相当的时间,相对于普通刑事案件取证时间更长,若不作出特殊例外规定,依然按照刑事案件的程序要求就可能超时限,从而导致违法办案。[1]

需要指出的是,由于警察权尤其是刑事侦查权具有明显的人身和财产强制性,涉及公民重大利益,故其提前介入时间、限度与程序,以及与环境行政执法程序的衔接规定不能作为简单的部门间办事程序由规章乃至内部规范性文件来规定,一般而言要遵循法律保留原则。但目前《中华人民共和国环境保护法》对此并未予以充分关注,对上述程序问题的规定大量留白,极易导致实践中环境警察权的缺位或越位,是为一大缺漏。

四、环境警察权的对象

对象要素是环境警察行使权力时所指向的对象,包括部分社会生活噪声污染、危险化学品公共安全管理、环境行政违法行为和环

---

[1] 参见邢捷:"论警察执法生态化",载《环境保护》2015年第7期。

境犯罪。

(一) 部分社会生活噪声污染

社会生活噪声,是指人为活动所产生的除工业噪声、建筑施工噪声和交通运输噪声之外的干扰周围生活环境的声音。根据《治安管理处罚法》和《中华人民共和国环境噪声污染防治法》的规定,部分社会生活噪声以及道路交通运输噪声的行政管理和处罚由公安机关行使。虽然噪声具有明显的环境属性,可以被归为环境警察权的对象,但是道路交通运输噪声基于行政的便利性原则,被明确归为交通警察权的对象。[1]因此,噪声中仅部分社会生活噪声能够作为环境警察权的对象要素。根据《中华人民共和国环境噪声污染防治法》,对于城市市区街道、广场、公园等公共场所组织娱乐、集会等活动,使用家用电器、乐器或者进行其他家庭室内娱乐活动,在已竣工交付使用的住宅楼进行室内装修活动,在噪声敏感建筑物(如医院、学校、机关、科研单位、住宅等需要保持安静的建筑物)集中区域使用高音广播喇叭等所产生的噪声,属于环境警察权的对象,同时,有的地方政府如北京,将室外商业经营活动发出的噪声也纳入环境警察权规制范围。[2]对于生产经营活动场所内部和尚未竣工建筑物内部等产生的噪声等,则由专门的行政主管部门管辖,警察权不再介入。

并非所有社会生活噪声都需要公权力干预,只有噪声超过一定限度,即形成"污染"才构成环境警察权的对象。判断噪声是否超标的根据是2008年原环境保护部制定的《社会生活环境噪声排放标准》。根据该标准,按照城市和乡村不同区域的使用功能特点和环境质量要求,划分五类声环境功能区。按照分区不同,规定了社会生活噪声的排放限值。对于噪声监测超出限值的,则属于环境警察权的对象要素。在尚未设立环境警察的地方,噪声案件往往由派出

---

[1] 道路交通运输不包括铁路运输、航空运输和水路运输等。
[2] 参见北京市公安局、北京市环境保护局2008年发布的《关于查处制造噪声干扰正常生活案件有关问题的通知》的规定。

所查处。由于派出所缺乏专业的检测设备，存在取证困难、执法效果不佳和选择性执法等问题。建立环境警察专门队伍后，可为其配备专业的检测设备，噪声案件统一由其查处。

同时，环境警察在查处"制造噪声干扰正常生活"案件时，考虑到不同人对噪声的耐受存在差别，一般并不以超出噪声限值为要件，因此可以不进行噪声监测，只需对"干扰正常生活"的事实予以认定。以北京市为例，有2名以上不同住户的居民证明，或者有其他证据表明该噪声对邻里正常生活构成干扰，公安机关便能以此为依据进行查处。[1]

(二) 危险化学品公共安全管理

危险化学品是指存在理化（易燃易爆等）、健康或环境危险危害的化学品，我国《危险化学品安全管理条例》中有明确的定义。[2]根据该条例，国务院安全生产监督管理部门会同相关部门根据化学品危险特性的鉴别和分类标准，负责编制危险化学品目录并公布。

危险化学品管理失序既危害公共安全，又可能造成严重环境污染，在理论上有将其纳入警察权的必要。根据《危险化学品安全管理条例》第23条之规定，公安部有权对易制爆危险化学品进行界定，并于2017年编制了《易制爆危险化学品名录》。地方公安机关则负责具体执行层面的危险化学品的公共安全管理，核发剧毒化学品购买许可证、剧毒化学品道路运输通行证，以及危险化学品运输车辆的道路交通安全管理。基于管辖便利原则，剧毒化学品道路运输许可及危险化学品运输车辆的道路交通安全管理的职权属于交通警察。剩下的两项职责：一是核发剧毒化学品购买许可证，主要由申请人所在地的县级人民政府公安机关予以审批；二是危化品的公共安全管理，主要集中于剧毒化学品、易制爆危险化学品两类，通

---

[1] 参见北京市《关于查处制造噪声干扰正常生活案件有关问题的通知》的规定。
[2] 《危险化学品安全管理条例》中规定，危险化学品是指具有毒害、腐蚀、爆炸、燃烧、助燃等性质，对人体、设施、环境具有危害的剧毒化学品和其他化学品。

过对其生产、储存、使用单位进行行政检查，核实其生产、销售、储存、使用、转让等行为是否符合相关法律法规，并依据《治安管理处罚法》和《危险化学品安全管理条例》对违反法律法规的情况行使行政处罚权。当前这两项职权在地方公安机关一般配置给治安警察行使。笔者认为，由于危化品管理对化学和环境方面的专业知识要求较高，因而根据警务专业化原则将其与一般治安管理相区别，列入环境警察权（而非治安警察权）的对象要素更为适当。在建立专门环境警察队伍的地方公安机关，危化品的公共安全管理和剧毒化学品购买许可职权应当配置给环境警察来行使。

（三）行政相对人与环境行政违法行为

行政相对人与环境行政违法行为作为环境警察权的对象要素，主要体现在《中华人民共和国环境保护法》第63条中所列举的环境保护主管部门或者其他有关部门将行政相对人移送公安机关处以行政拘留的4种情形。[1]公安部会同工业和信息化部、原环保部、原农业部、原国家质检总局制定了《行政主管部门移送适用行政拘留环境违法案件暂行办法》，对这4种情形进行了细化，明确了23种具体的违法情形。有学者对此类行政拘留扩大化适用的现象产生担忧，认为此举不符合法治发展和人权保障的要求。[2]这一论断仍可商榷。是否符合法治与人权保障原则，主要的判断标准应是有无遵循法律保留原则、程序原则和比例原则等现代法治和人权原则，而非一切警察权的介入和扩展都要归结为违反法治与人权，否则警察在现代法治国中缘何存在。是否需要警察权的介入，并非纯粹学术上的原则性考量，而是立法者综合衡量基本人权得以制约的界限

---

[1] 四种情形主要包括：建设项目未依法进行环境影响评价，被责令停止建设，拒不执行的；违反法律规定，未取得排污许可证排放污染物，被责令停止排污，拒不执行的；通过逃避监管的方式违法排放污染物的；生产、使用国家明令禁止生产、使用的农药，被责令改正，拒不改正的。

[2] 相关论述参见卢建平："法治语境对警察权的约束"，载《中国法律评论》2018年第3期。

与公益上的必要性,评估当前生态环境所面临的严峻形势及其在公共安全和国家安全之中的定位,明确当前环境执法实践中警察手段的使用是否经常且不可避免,从而作出的立法决断。

实际上环境警察权作用于行政相对人与环境行政违法行为的情形并不仅限于上述行政拘留的情形。对于环境污染案件,在理想状况下一般先由环保部门调查并作出结论,只在涉嫌构成犯罪的情况下才将案件移交给环境警察。而此时如果环境警察启动刑事侦查程序才介入往往会错过最佳办案时机,经常出现证据灭失无法再次取得以及嫌疑人因未被及时采取人身强制措施而逃跑的情况,给案件的后续侦破带来极大困难。因此如前文提到的,很多地方建立了环保部门和环境警察联勤联动的机制。在这一过程中,环境警察权便不可避免地提前介入到环境行政违法调查中。一方面,警察权的介入可以对行政相对人起到一定威慑作用。环境警察可以依照《治安管理处罚法》第 50 条对拒绝、阻挠环保行政执法的违法行为进行处罚,减少抗拒执法的情形。另一方面,在相对人涉嫌刑事犯罪时,能够及时固定证据并采取一定人身控制措施。但是,由于《治安管理处罚法》和《公安机关办理行政案件程序规定》并未授予公安机关对环境行政违法案件进行行政调查的权限,因此环境警察权提前介入的实质是对环境违法案件的刑事侦查权前移,实际操作中容易对相对人的权利造成过多限制和不必要的损害。因而对"联勤联动"或"联合执法"的适用情形应给予细化并限制在一定范围之内,如限于紧急或重大案件,并应在法律层面明确启动主体、启动标准和适用程序等问题。[1]

环境警察介入环境行政违法行为的另外一种情形是,对于公民举报的环境污染行为或事件,在无法确定属于环境行政违法还是犯罪的情况下,环境警察不能推卸责任,只能介入进行先期处置,视

---

[1] 参见冯俊伟:"行政执法证据进入刑事诉讼的类型分析——基于比较法的视角",载《比较法研究》2014 年第 2 期。

情况移送环境行政部门或自行侦办。即使确信不属于环境犯罪的，但若该环境污染行为或事件存在可能危及公共安全、人身或者财产安全的紧急情况，依照《"110"接处警工作规则》第 31 条的规定，同样也应当派警进行先期处置。

根据《人民警察法》第 6 条的规定，公安机关的人民警察具有预防、制止违法犯罪活动的职责。环境警察依照现有法律规定虽不负有直接处置环境行政违法行为的法定职责，但对于现场发现的正在进行或将要发生的环境违法行为，为了避免造成不可逆的环境损害，不应放任违法行为发生，有义务根据《公安机关人民警察现场制止违法犯罪行为操作规程》及时采取制止措施。

此外，在面临突发重大灾害事故时，为排除障碍或者防范环境危害的发生和扩大，必要时环境警察还可依法行使紧急征调使用、紧急排险、紧急管制等特别权力。因此，环境警察权向环境行政领域的延伸已经不可避免，必须予以充分的重视和研究。

（四）犯罪主体与环境犯罪

环境犯罪的主体既有可能是单位，也有可能是个人。根据《中华人民共和国刑法》（以下简称《刑法》）规定，单位实施犯罪的，对单位判处罚金，并要对其直接负责的主管人员和其他直接责任人员，依照个人犯罪规定处罚。对于涉嫌环境犯罪的嫌疑人员，环境警察有权采取讯问、搜查、扣押、拘传、拘留、通缉、逮捕等刑事侦查措施。

"直接负责的主管人员和其他直接责任人员"的范围，不能一概而论，需要在具体案件中进行考量。根据刑法学界关于中立的帮助行为理论的研究，应考虑其行为是否属于正当的业务行为、对犯罪支配的程度、法定刑的轻重、违法性总量大小、期待可能性高低以及预防犯罪的必要性大小等因素。[1]例如，在污染企业中从事生

---

〔1〕 参见陈洪兵："环境犯罪主体处罚范围的厘定——以中立帮助行为理论为视角"，载《湖南大学学报（社会科学版）》2017 年第 6 期。

产、加工、排污的普通雇员的行为，由于通常具有业务中立性，期待可能性较小，一般不值得处罚。但受雇运输倾倒危险废物的，通常应作为犯罪处理。

作为环境警察权对象要素的环境犯罪主要规定在《刑法》分则第六章第六节"破坏环境资源保护罪"之中，从而为环境警察权行使提供了具体罪名依据。本节共包括污染环境罪等共 15 种罪名。目前，除地方公安机关组建的专门环境警察队伍负责上述环境犯罪案件的刑事侦查外，在林区，森林公安机关也已经承担了除非法处置进口的固体废物罪、擅自进口固体废物罪、走私废物罪、非法捕捞水产品罪、非法采矿罪、破坏性采矿罪以外的 9 种环境犯罪的侦查职能。

《刑法》第 125 条第 2 款规定的非法制造、买卖、运输、储存危险物质罪和第 136 条危险物品肇事罪，涉及对毒害性、放射性等危险化学品的制造、买卖、运输和储存的公共安全管理环节，需要执法人员具备专业的知识、技能和设备，从管辖便利和警务专业化角度考虑，纳入环境警察的对象要素，由环境警察行使刑事侦查权较有的地方将此权力划归治安或刑侦部门更为合理。

此外，《刑法》第 408 条规定了环境监管失职罪。2012 年最高人民检察院印发的第二批指导性案例中的"崔某环境监管失职案"表明，除国家机关工作人员以外，一些实际行使环境监督管理职权的国有企业和事业单位的工作人员拥有一定管理公共事务和社会事务的职权，实施渎职行为构成犯罪的，也会依照《刑法》关于环境监管失职罪的规定追究刑事责任。环境监管失职罪作为渎职罪的一种，属于监察委员会行使监察权的范围。但由于其侦查过程中涉及环境取证，整个过程具有很强的专业性，也需要足够的专业仪器与设备的保障。监察委员会在处理此类案件时有可能会存在侦查能力不足的情况，而由具有专业人员与装备的环境警察配合监察委取证不失为一个解决方案。

五、环境警察权的保障

(一) 人、财、物

人、财、物是环境警察权得以顺利运行的必要的基础性物质保障。

人的保障要求环境警察权运行需要有充足的警力支撑。在建设生态文明的大背景下,环境保护日趋重要,需要有专门的执法队伍打击环境违法犯罪,各地环境警察从无到有,即体现了此要求。建立环境警察专门队伍,是将生态安全纳入国家安全体系的重要标志;环境警察的出现,有效打击了环境违法与犯罪,解决了环境执法软弱、取证手段不足的问题;环境案件的专业性、复杂性,要求执法和司法人员都必须具备专业或专门性知识,故伴随着环境司法的专门化的建立,与之衔接的环境刑事侦查的专门化也势在必行。环境警察专门化对当前警力普遍不足的现状提出了更为严峻的挑战,但也并非不可化解。在我国,从中央到地方已经建立起环境监察队伍,公安机关治安和刑侦部门也长期负责对环境违法犯罪的打击,且在林区早就存在负责林业环境行政和刑事案件的森林警察队伍。环境警察权所需要的人的保障可以通过在法律授权范围内对这几支队伍进行人员、编制、职权上的整合和优化来实现,而不必追求人数上的额外扩容。与此同时,通过各种形式吸收社会力量参与执行环境警察任务,[1]也可以缓解警力上的紧张。

财和物的保障是指为环境警察权正常运转提供所需要的经费与装备支持。长期以来,我国公安机关实行"条块结合,以块为主"的领导体制,这一体制决定了经费与装备保障的地方化特征。随着生态文明建设的推进和深入,地方政府虽然加大了环境保护上的经费投入,但对于财政能力有限的地方则仍难以满足环境警察的经费

---

[1] 参见章志远:"私人参与执行警察任务的行政法规制",载《法商研究》2013年第1期。

需求。本着"生态兴则文明兴,生态衰则文明衰"的理念,中央和各级财政应建立针对财政困难的地方政府公安机关环境安全保卫部门的经费补助机制。相关经费主要用于环境警察日常执法、环境污染监测与环境犯罪证据检验、检测以及涉案物品、环境无害化处理。在装备保障方面,环境警察执法具有专业性,需要配备先进的环境检测仪器。为此,2016年4月公安部《公安环境安全保卫部门装备配备标准(试行)》,为环境犯罪侦查队配备交通、指挥信通、防护、武器警械、环境监测、侦查技术等7类装备,这也是除特警队以外,公安部制定的第二个专门针对独立警种的装备标准。[1]同时,公安机关的大情报系统、合成研判中心等,应将环境类的情报线索整合进来,[2]为环境警察执法提供支撑。

(二) 权力运行环境

1. 政策法制保障

环境警察权的运行离不开政策法制的供给和支持。党的十八大以来,生态文明建设作为"五位一体"总体布局的重要组成部分已纳入国家发展的政治蓝图,被提升到人民福祉和民族未来的高度。党的十九大提出"实行最严格的生态环境保护制度",从而为建构全国性、系统性的环境警察制度提供了政策背书。在此背景下,一旦中央启动全国环境警察体制的建构和整合工作,环境警察权必将迅速在环境保护领域取得巨大成效。同时,法制供给是确保环境警察权运行纳入法治轨道的前提。作为国家重大政治安排制度化的宪法在2018年3月11日通过的修正案中,将"生态文明"写入宪法,确认了环境保护的国家义务,形成了新的"环境宪法"的规范体

---

〔1〕 参见张小兵、邢捷:"中国环境法治视野下环境警察制度构建研究——执法运行机制构建",载《中国人民公安大学学报(社会科学版)》2017年第5期。

〔2〕 参见邢捷:"生态安全视阈下环境警察的定位与实践问题思考",载《环境保护》2018年第Z1期。

系。[1]但是,环境警察权的运行在行政法规乃至规章层面都缺乏精细化的规定,难以起到督促环境警察权运行或者防范环境警察权溢出权力边界的作用。虽然部分设立环境警察队伍的地方公安机关以内部规范性文件的形式作了规定,但规范性文件无论在警察权指引、规制还是在公民权利救济方面,其成效都难以彰显。而目前已有的《环境保护行政执法与刑事司法衔接工作办法》相对比较简单、原则,不仅对环境警察权的基本权能没有明确,对相关程序也缺乏系统全面的规定。因此,在未来完善《中华人民共和国环境保护法》中关于环境刑事司法特别程序的规定继而制定更为精细的公安机关办理环境污染案件程序性规定十分必要。

2. 环保社会共识保障

社会共识要求社会成员对某项社会事务形成大体一致或接近的看法。只有当建设生态文明,加强环境保护成为全体公民的共同认知,环保社会共识才能在我国建立起来。近年来,公众的环保意识有了明显提升,根据四川省社情民意调查中心2016年的一项调查,有94.9%的受访者表示关注环保问题,在对公民环境权利与义务的认知方面,知晓率达到66.9%。而其他一些数据却表明,我国环保社会共识仍有待加强。同样源自上述调查的另一项结果显示,3000名受访者中对环保举报热线的知晓率仅为4.9%,这一反差说明公众的环保意识多停留在关注层面而实际参与环保的行动较少;[2]从实际环保违法数量来看,环境污染和环境犯罪大量存在,2017年全国环保行政系统共下达环境行政处罚决定书23.3万份,同比上升86.5%,2016年全国污染环境犯罪案件数量为775件,所造成的环境破坏具

---

[1] 参见张翔:"环境宪法的新发展及其规范阐释",载《法学家》2018年第3期。

[2] 参见四川省社情民意调查中心:"2016年四川公众环保意识专项调查报告",载 https://www.sc.gov.cn/10462/10771/10795/12401/2016/6/6/10383425.shtml,最后访问日期:2018年4月20日。

有不可逆性且仍有进一步恶化的趋势，并威胁到公众生存和国家安全。以上表明，全社会对于生态保护的重要性和紧迫性，以及从国家生态安全角度出发以最严格的制度和措施强化环境保护的必要性仍然认识不到位，还需要进一步凝聚环保共识。公众和学者应逐步抛却成见，从实践的成果出发，认识到环境警察运用警察权在环境保护领域的介入，对于维护国家生态安全，防范、化解环境风险，遏制环境违法与犯罪有着不可替代的作用。[1]以上社会环保共识的形成，能够增进公众对于环境警察权的理解，保障其良性、顺畅运行。

此外，环境警察权的运行也离不开和谐的警民关系、警察整体的良好形象、警政管理的合理模式、警察个体的专业素养等警察权的一般保障要素。此类警察权的一般保障要素，也被视为警察权软实力的一部分，有学者已经做了相关研究探讨，本书不再赘述。[2]

（原载《中国人民公安大学学报（社会科学版）》2018年第4期）

---

[1] 参见邢捷："生态安全视阈下环境警察的定位与实践问题思考"，载《环境保护》2018年第Z1期。

[2] 参见卢建军："警察权软实力的建构"，载《法律科学（西北政法大学学报）》2011年第5期；董士昙："'软警力'研究"，载《中国人民公安大学学报（社会科学版）》2009年第1期。

第五章 警察与强制：警察介入精神病人行政强制医疗研究

所谓精神病人强制医疗，又称为非自愿性治疗，是指依照法律规定对于符合法律规定情形的精神病患者不需经其同意或自愿即可对其进行住院治疗的制度。我国《刑事诉讼法》对于实施暴力行为，危害公共安全或者严重危害公民人身安全但依法不负刑事责任的精神病人进行强制医疗的程序作出了规定，最高人民法院相关司法解释为此类肇祸精神病人的刑事强制医疗的规范化提供了更为细化的程序性保障，从而建立起了刑事强制医疗的司法性审查机制。而对于违反《治安管理处罚法》的肇事精神病人，以及存在社会危害可能性或具有自伤、自杀倾向的精神病人，因其不具备刑事违法性，无法进入刑事诉讼程序，故只能适用行政强制医疗程序。由于《中华人民共和国精神卫生法》（以下简称《精神卫生法》）对行政强制医疗的规定较为笼统，《治安管理处罚法》中亦未明确行政强制医疗的程序，因而对于精神病人的行政强制医疗，公安机关在实际执法中遭遇到不小的困境。

公安机关是警察权的承载者，其职权带有明显的强制性和暴力性，强制医疗则具有限制人身自由的属性。《精神卫生法》将公安机关认定为强制医疗中强制送诊和协助强制住院的主体之一，引发了公众对于警察权滥用风险的忧虑。因此，从保障精神病人权利和维护公共安全角度出发，公安机关是否应介入精神病人的行政强制医疗，介入过程中又需行使哪些职权，其行使职权的限度如何，成为理论和现实中都需要解决的问题。

一、公安机关介入精神病人行政强制医疗的法理依据

(一) 法律家长主义

福柯指出:"疯癫不是一种自然现象,而是一种文明产物。"[1]尽管我们不能将其奉为圭臬,但这一论断至少提醒我们去关注精神疾病与公权力、国家之间的勾连。文明国家定义了理性与疯癫,精神病人被视为处于一种异质性状态,属于无法正常管理自己利益的公民,因而国家对其采取一种家长主义的立场。公安机关作为公权力的代表,其介入无肇事、肇祸精神病人强制医疗的法律规定,并非基于责任主义,而是带有明显的法律家长主义(legal paternalism)倾向。它表现在精神病人不存在任何违法行为的情况下,法律出于对患者利益保护的目的而由公安机关限制其行为自由。[2]但是,由于法律家长主义预设了公权力机关为"道德人"的角色,其高要求与现实中公安机关的实际能力存在张力,因此存在公安机关以家长主义之名介入并随意或错误剥夺、限制公民自由的风险,必须对其介入职权持审慎态度并加以严格控制。

(二) 社会防卫理论

社会防卫理论是基于对人身危险性的认知而建立起来的犯罪学和刑法学上的重要范畴。社会防卫理论首倡者加罗法洛提出对于所谓的"道德异常者"应该实施淘汰。这一论断源自人身危险性理论,即关注犯罪人或有犯罪可能的人的人身特征,从生物学和社会学因素出发寻找行为人可能犯罪或再次犯罪的依据。加罗法洛的

---

[1] [法]米歇尔·福柯:《疯癫与文明》,刘北成、杨远婴译,生活·读书·新知三联书店2003年版,第1、225、269页。

[2] 参见黄文艺:"作为一种法律干预模式的家长主义",载《法学研究》2010年第5期。

《危险状态的标准》一书将之表述为"犯罪人的自然倾向"。[1]新社会防卫论的代表人物安塞尔也指出,社会防卫的意图在于利用一系列不属于刑法本身的措施,有效保护社会。这些措施既包括排除或隔离,也包括矫治性措施或教育性措施。[2]并非所有的精神病人都能落入社会防卫对象的范畴,但是由于其缺乏支配自身行为的能力,存在一部分具有暴力或狂躁倾向的群体,具有实施犯罪的人身危险。因而,对于此类群体,各国一般都会由警察机关采取保安处分措施,以避免犯罪结果的发生。因而,对于未违反刑法的精神病人实施的行政强制医疗亦可用保安处分理论进行解释。

(三)国家警察权理论

国家警察权(state's police power)理论认为,国家作为一个主权者拥有"充分的制订和执行法律和法规以保护公众的健康、安全、福利和道德的权力"。这里的警察,并不是现代英语中"police"的同义语,而是一个古典意义上的因时因域不断嬗变的概念。"警察"源自希腊语"politeia",最初指的是影响国家安全与福利的所有实务。[3]而亚当·斯密则试图赋予其一个较为狭窄的定义:警察本来是指政府政策,但现在只指政府的次要部门的管理,如保持清洁,维持治安。[4]而稍晚的黑格尔,则在《法哲学原理》一书中认为,警察权首先是执法权,同司法权是相分离的。这里警察同行政的含义相差无几,除了军事、外交、财政以外,其他一般内政都包括在内。尽管如边沁所言,警察内涵的概念"似乎过于五花八

---

〔1〕 参见赵永红:"人身危险性概念新论",载《法律科学(西北政法学院学报)》2000年第4期。

〔2〕 参见吴宗宪:《西方犯罪学史》(第4卷),中国人民公安大学出版社2010年版。

〔3〕 See Clive Emsley, *The English Police: A Political and Social History*, Routledge, 1996, P.3.

〔4〕 参见程华:"警察权注疏:从古典到当代",载《中国人民公安大学学报(社会科学版)》2010年第6期。

门,以致很难有任何单一的定义"[1],但是安全与福利成为所有"警察"学说的最大公约数。国家警察权理论成为国家对其内部安全和福利事务行使强制干预权的理论渊薮。维护社会治安、防止犯罪是警察的明确职责,因而"保护社会免受精神病人的危害是警察权的传统做法"[2]。公安机关作为对具有危害个人和公共安全的精神病人实施包括临时管束性措施和强制送诊在内的行政强制机关具有其理论依据。

二、在场与退场:公安机关介入的两难

(一)价值权衡:个体自由与公共安宁

精神疾病从来都不是一个纯粹的科学问题,尽管精神病理学家从未停止使其科学化的努力。他们通过大量医案的经验积累,建构起精神疾病谱系,试图将其归类量化,纳入科学范畴。[3]但是,福柯的主体哲学给了我们很好地警醒:人们对癫狂的体验以及对癫狂主体的认知因西方不同历史时期不同的知识权力网络而有所不同。[4]因此,所谓精神疾病只是与社会制度本身的不兼容状态。曾几何时,在有的社会中甚至将同性恋者也视为精神病人,[5]其主观性、社会性和不确定性不言而喻。

然而,精神疾病的严重性达到一定程度,精神病人基本权利尤其是人身自由将会遭到严重限制乃至完全剥夺。从古典时期的收容所、疯人院,到现代精神治疗机构,限制和剥夺精神病人自由的目的由纯粹的隔离与遗忘转变为治疗和社会融入的重建,这

---

[1] 参见[英]边沁:《道德与立法原理导论》,时殷弘译,商务印书馆2009年版,第260~261页。

[2] *Developments in the Law-Civil Commitment of the Mentally ill*, 1974.

[3] 参见姚丽霞:"以法律层面的立法完善精神病人强制治疗程序",载《法学评论》2012年第2期。

[4] 参见莫伟民:"主体的真相——福柯与主体哲学",载《中国社会科学》2010年第3期。

[5] 参见张丽卿:"鉴定制度之改革",载《月旦法学杂志》2003年第97期。

■ 警察的法理

一过程是人道主义和实证科学在精神病人身上的体现。然而,即便是以治疗为目的的隔离,仍然是以剥夺自由为代价的,是对个体自由的侵害,因此美国学者科克汉姆认为精神病院在将社会越轨者带离社会以维护社会秩序团结方面发挥的功能与监狱是极为相似的。[1]而福柯甚至认为治疗比单纯的禁闭做法对人身自由的干预更多:精神病人需要被不间断地进行社会和道德检查,需要被反复灌输作为家庭生活道德骨架的从属、谦卑、罪恶、感激等一系列感情,为此不惜使用威胁、惩罚、剥夺食物、侮辱等手段。[2]他将精神科医生比喻为道德愈合的狱警。因此,政府必须对精神病强制医疗的这种"双身结构"有明确意识,仅仅将强制医疗视为对精神病人的救助而忽视其更为重要的强制的面向,并非成熟的法治理念。[3]

并非所有的精神病人都需要强制医疗。正如密尔在阐述自由的限度时指出,如果一个人的行为既没有违反对于公众的任何特定义务,也没有对自己以外的任何人发生什么觉察到的伤害,那么,社会为着人类自由的更大利益之故是能够承受的。[4]这被称为不干涉原则。对没有特定社会危害性的精神病人的强制医疗不具备合法性和必要性。强制医疗需要考量其个体自由、他人自由与公共安宁之间的关系,这便不仅仅是一个纯粹病理学诊断,而是一个法理判断,涉及法的重大价值——个体自由与公共安宁之间的权衡难题。

---

[1] 参见[美]威廉·科克汉姆:《医学社会学》,杨辉等译,华夏出版社2000年版,第111页。

[2] 参见[法]米歇尔·福柯:《精神疾病与心理学》,王杨译,上海译文出版社2016年版,第119页。

[3] 参见赵克:"公安机关将疑似精神病人送往医院诊治属行政救助",载《人民司法》2014年第14期。

[4] 参见[英]约翰·密尔:《论自由》,许宝骙译,商务印书馆1959年版,第98页。

（二）《精神卫生法》颁行前行政强制医疗的合法性疑虑

由于行政强制医疗的复杂性，我国的相关立法在这一问题上一直在寻求一种模糊的正当性，并没有对个体自由与公共安宁的紧张关系做出很好的处理。因此公安机关介入强制医疗尽管不缺乏法理依据，却仍存在法律的合法性疑虑与具体适用困难。

在2012年《精神卫生法》之前，公安机关对精神病人采取行政强制医疗的主要法律依据为《人民警察法》和《治安管理处罚法》。这两部法律虽然都有对精神病人肇事肇祸的处理规定，但都未明确精神病人强制医疗的问题。只是在前法第14条规定了"需要送往指定的单位、场所加以监护的，应当报请县级以上人民政府公安机关批准，并及时通知其监护人"。在实践中，这一条款往往被公安机关作为强制医疗的依据。但是此处使用的"监护"，并不能直接被理解为强制医疗：首先，在手段上监护并不必然要以剥夺人身自由为代价，可以采取其他对人身自由限制更小的方式进行；在地点上，也不意味着必须送往精神医疗机构，居（村）委会、近亲属家、单位都可以作为监护的单位、场所；在时间上，这种监护可以只是暂时性的，不能仅被理解为长期或不确定期限的。因而，从"监护"本身的意涵而言，强制医疗只是其中最极端的可能选项，并不能直接理解为赋予了公安机关一种强制措施。也就是说，在《精神卫生法》出台之前，公安机关实施强制医疗实际上并不存在法律层面的依据，或者退一步讲，是否存在法律依据是存疑的。

国务院的行政法规和地方制定的精神（心理）卫生条例为公安机关对精神病人强制医疗提供了依据。最早的法律依据是1956年《国务院批转湖北省人民委员会对精神病人的收容管理问题的请示》。该法规对精神病人的强制医疗规定基本秉持国家监护的立场，赋予公安机关以较宽泛、原则的职权，包括在行政强制医疗中的强制送诊和决定住院权，甚至进一步规定"对于病情严重而且对于社会治安有很大危害的精神病人，暂由公安部门负责收容看管"的行政性羁押权[1]。但是文件中对强制程序的规定却付之阙如，对于强制医疗的送医主体、决定主体、鉴定和强制程序等均无规定，在执行过程中具有很强的随意性而易导致滥用。

同时，上海（2001）、宁波（2006）、杭州（2006）、北京（2006）、无锡（2007）、武汉（2010）和深圳（2011）七个城市先于全国人大立法制定了地方性法规，[2]各地条例无一例外，都对公安机关介入行政强制医疗进行了授权。但由于规定各异，导致公安机关执行强制医疗的具体权能、执行标准和强制程序并不统一。且不说全国大部分尚未制定条例的地区强制医疗执行状况如何，即便在这些制定了精神卫生条例的省市，强制医疗适用仍存在模糊性。以《武汉市精神卫生条例》为例。它规定重性精神障碍者在发病期间，其监护人、近亲属应当送其到医疗机构接受治疗，公安机关应提供帮助，但是对其是否危害公共安全则在所不论。这一规定会造成两种情形：（1）精神病患者无论有无社会危害性，近亲属、监护人都可以送其强制医疗，只要达到所谓"重性"标准，很可能造成近亲属、监护人与强制医疗机构共谋下的"被精神病"，民警若轻信该近亲属和监护人并提供帮助，则无意中沦为"帮凶"；（2）具有社会危害性的精神病人，其监护人、近亲属可能由于经济等方面的考量而不予送治，依据该条例公安机关除督促其履行监护责任外很难介入，这就给当地遗留了较大的治安风险。曾有精神病男子多次持斧砍树[3]的报道，对于这类精神病人，《治安管理处罚法》无

---

〔1〕 有学者主张公安机关所享有的行政性羁押权不符合法治国的要求，应逐步转变为中国式的保安处分制度，直至全部取消。参见陈瑞华："警察权的司法控制——以劳动教养为范例的分析"，载《法学》2001年第6期。

〔2〕 参见万传华："七部地方性精神卫生条例的合法性突变及其修正"，载《中国卫生法制》2014年第1期。

〔3〕 参见"精神病男子多次持斧砍树 致一小区10余棵树掉了皮"，载《华商报》2016年7月13日L3版。

法予以处罚,除了责令监护人严格监护或劝说其住院治疗之外,很难适用行政强制医疗措施。若监护人不愿送医,不仅给当地居民的生活带来困扰,而且也很可能会延误病人的病情。

与强制收容遣送、劳动教养、强制戒毒和收容教育等行政强制措施相比较,强制医疗所具有的治疗和救助属性,使人们对其强制的一面未能给予充分关注。但不可否认的是,强制医疗在本质上仍然属于限制公民人身自由的强制措施。根据《中华人民共和国立法法》第11条第5项的规定,对限制公民人身自由的强制措施和处罚只能由全国人大及其常委会制定法律进行规定。由于对精神病人权利的保障观念不强,对强制医疗的限制人身自由属性认识不足,[1]导致在2012年之前强制医疗一直都是在缺少法律上位法的状况下执行的。这使得公安机关在行使介入职权时存在合法性疑虑,也是引发实践中强制医疗乱象和人们普遍质疑的原因。

(三)《精神卫生法》出台未改变"被精神病"与"行政不作为"的两难困局

《精神卫生法》本身规定的模糊性,对公安机关介入强制医疗的一些关键问题采取了回避态度。

《精神卫生法》规定了公安机关对严重精神障碍患者采取强制医疗的两种情形:(1)已经发生伤害自身的行为,或者有伤害自身的危险的;(2)已经发生危害他人安全的行为,或者有危害他人安全的危险的。

对于第一种情形,其住院治疗实行自愿原则。但是对于屡次自杀自伤,公安机关屡次制止、送诊,监护人又不同意住院治疗的严重精神病人该如何处理,《精神卫生法》并未作出规定。

对于第二种情形,"有危害他人安全的危险"的要件在实践中不易确定。这就导致:首先,对于有暴力倾向,但并无施加于他人

---

[1] 参见俞可平:《权利政治与公益政治——当代西方政治哲学评析》,社会科学文献出版社2000年版,第108页。

的行为的精神病人,能否认定其有危害他人安全的危险;其次,危害他人安全的危险是否要求近在眼前的紧迫性,还是说达到一定程度的威胁即可认定为有危害他人安全的危险;再次,危害他人安全的危险,是仅指人身安全,还是说也包括财产安全;最后,公安机关认定其有人身危险性,但是若患者不承认自己有精神病,或者家属不同意强制医疗,公安机关能否违背患者和监护人的意志强制送诊(在这种情况下,公安机关被诉"被精神病"的风险极高)。

同时,精神病人虽无《精神卫生法》规定的伤害自身和危害他人安全的两种情形,但是违反《治安管理处罚法》的情况该如何处理,这在实践中几乎无解。《精神卫生法》对此未作规定,但根据《治安管理处罚法》第13条规定,对此类情形不予处罚,只能责令其监护人严加看管和治疗。但是实践中,由于公安机关对此类精神病人强制送诊于法无据,但又不得不长期"监控"尽量消除实际存在的"治安风险",因而经常为此大量耗费不必要的警力。

有民警深有体会,对于精神强制医疗这种"小众程序",在法律规定模糊的情况下,只能"讲究法经济学""相机处理"。为了减少被诉风险,只要涉及此类案件,无论哪种情形,首先做好精神病患者的监护人的"说服"工作,征得其同意才能送诊,否则,除非涉及刑事犯罪,一般很难强制送诊。例如,有报道指出,昆明精神病患者吴某6年来不停地扬言要到幼儿园砍人,派出所每天派民警跟踪,以防小吴肇祸。派出所把他送回湖南老家,没多久又来了。再次送回去,之后他又回到昆明。但是监护人因经济困难不愿送诊,派出所在未取得监护人同意的情况下,对这类未实际实施危害他人行为的病人并不敢直接实施强制医疗,担心被诉"被精神病"。

被诉的后果考量(侵犯个体自由)、治安考核压力以及公众舆论(公共安宁的需求),使公安机关在介入精神病人强制医疗的过程中如履薄冰,陷入管与不管、管多还是管少的踟蹰徘徊。但归根结底,《精神卫生法》未能提供具有操作性的、明确的执法指引,是出现这种现象的病灶所在。

三、《精神卫生法》规定的公安机关介入职权及其限度的法教义学分析

尽管公众对警察权介入行政强制医疗存有诸多忧虑，但综上分析，公安机关的介入却是十分必要的。《精神卫生法》对公安机关介入行政强制医疗的规定较为简单，且十分节制，看起来并没有过度赋权的痕迹。而这种简化规定，并没有考虑到实际可操作性的问题，造成公安机关的职权边界模糊，带来不少裁量难题，同时也给滥用强制医疗提供了空间。但这并不必然导致笔者得出修改法律的结论，尽管很多学者已经提出了进一步完善的建议。[1]远水解不了近渴，执法的实际需求亟需回应；同时，即便短期内再次修改立法是可期的，法律语言本身所具有的模糊性、一般性和滞后性也必然无法给执法实践需求提供充分的供给；再者，《精神卫生法》规定的模糊，并不意味着整个实定法体系及相应的法律原则无法为公安机关介入行政强制医疗提供相应的支撑和依据。借助法教义学的方法可以在法律中找到理论规则、基本规则和原则，以及法学与法律实践为法律增加的理论规则、基本规则和原则，为执法活动提供实定法的论证，给出法律问题的解决模式。[2]这恰恰迎合了公安执法的基本立场和迫切需要。具体到本章，将通过法教义学对公安机关介入行政强制医疗的职权与限度做出较为准确的界定和分析。

（一）对"疑似精神病人"的识别

《精神卫生法》规定，疑似精神障碍患者发生伤害自身、危害

---

〔1〕 相关修法建议参见姚丽霞："以法律层面的立法完善精神病人强制治疗程序"，载《法学评论》2012年第2期；郝振江："论精神障碍患者强制住院的民事司法程序"，载《中外法学》2015年第5期。

〔2〕 参见[德]魏德士：《法理学》，丁晓春、吴越译，法律出版社2005年版，第137页。

他人安全的行为，或者有伤害自身、危害他人安全的危险的，其近亲属、所在单位、当地公安机关应当立即采取措施予以制止，并将其送往医疗机构进行精神障碍诊断。根据该规定，公安机关可以对有上述情形的精神病人强制送诊。而"疑似精神病人"则是送诊的前置判断要件。公安机关作为"疑似"的判断主体，应具有一定的自由裁量空间，即根据变化的各种情况，有具体判断和选择的余地。[1]在大陆法系，类似于"疑似精神病人"的表述属于不确定法律概念（undefined legal or statutory concepts），而普通法上会被归类为主观语言（subjective language），司法上对其进行审查虽然十分困难，但也并非完全放任行政机关随意裁量。在我国，对"疑似精神病人"的裁量可归于行政自由裁量的范畴。也有学者主张行政自由裁量仅仅指效果裁量，对事实要件的判断不属于自由裁量。[2]但"疑似"的判断是否属于行政裁量的范畴并不影响对其进行规制。从依法行政的总原则指导下，公安机关对这一判断进行自我框定是十分必要的。《中华人民共和国行政诉讼法》第70条等6项规定对于"明显不当"行政行为的司法审查可以视为对"合理性"原则的确认。"合理性"原则作为行政法治总原则下的一个基本性具体操作原则，公安机关应据此对"疑似"的判断进行自我审查，排除含有不适当目的和不相关考虑的判断。除此之外，难点还在于何为"合理"的考量。2001年11月，原卫生部《关于加强对精神病院管理的通知》中明确规定精神病人入院收治指征，有地方卫生部门出台了精神疾病防治服务规范作为精神障碍的判断依据，公安机关的判断标准是否应符合此类文件？一般而言，是否遵循业已形成的裁量基准应是评判裁量合理性的考虑因素，[3]但卫生系统出台的指征、规范等文

---

[1] 参见［日］室井力主编：《现代日本行政法》，吴微译，中国政法大学出版社1995年版，第26页。

[2] 参见余凌云：《行政法讲义》，清华大学出版社2014年版，第156页。

[3] 参见何海波："论行政行为'明显不当'"，载《法学研究》2016年第3期。

件，是为医疗部门诊断和筛查所提供的操作性标准，而非公安机关的裁量标准。公安民警并非医学专业人士，其强制送诊行为是以维护社会治安为目的，而非收治终局决定，因此不应以此为标准而施加给公安民警过高的裁量标准要求，尤其是在制止违法行为并决定送诊的情形下。对"疑似精神病人"的判定可以以特定社会下的公众的判定标准为参照，即应符合正常人的一般判断。上海法院在"陆煜章案"判决中把正常人判断定位为社会主流认识，并指出社会主流认识既非全体社会成员也非少数或个别人的认识。这可以通过对官方文件或媒体的梳理和概括得出（当然并非唯一途径）。从反面来说，即对"疑似精神病人"的判定，不能超出"令正常人难以容忍的"限度，[1]否则就属于滥用自由裁量。

（二）危害他人安全危险的判定

《精神卫生法》中两次出现"危害他人安全的危险"的表述，分别构成强制送诊和强制住院治疗的要件。尽管两项表述完全一致，但是二者的判定标准不能等同。目前学者对于"危险性"的分析并未严格区分此二者，仅仅是对强制医疗的要件做笼统的分析，忽视了强制送诊这一必经程序，或者将强制住院治疗对"危险性的"要求等同于整个行政强制医疗过程的要求。[2]这显然是不合理的。首先，二者的判定主体不同。强制送诊的判定主体是公安机关，强制住院判定主体则是精神医疗机构；其次，所采用的标准不同，前者是法律标准，后者则是医学标准；再次，判定的目的不同，前者以初步确认行为人是否为精神病人为目的，后者以对行为人以限制人身自由的方式进行治疗为目的；最后，判定导致的效果不同，前者的判定效果是强制送诊，即对人身自由的暂时性限制；后者则可能

---

[1] 参见叶必丰："严重不合理的正常人判断——'陆煜章案'判解"，载《行政法学研究》2012年第1期。

[2] 参见陈绍辉："论强制医疗程序中危险性要件的判定"，载《河北法学》2016年第7期。

会导致强制住院医疗,是对人身自由的长期性、全方位的限制乃至剥夺。有学者主张《精神卫生法》中规定由精神医疗机构决定强制住院不符合国际惯例,容易造成对精神病人人权的侵害,应由独立的第三方机构或司法机关行使强制住院决定权。笔者对此表示赞同,但囿于文章主旨,笔者在此仅就危害他人安全行为与危险的判定标准展开讨论。

民警不是医生,显然不具备对精神病人"危险性"做医学"扫描"的能力。因此对其判定结果与医疗机构的医学结论之间的张力,必须给予必要的宽容。同时,公安机关基于维护社会治安和保护公民安全的职责,显然不能以学者主张的强制住院的危险性标准,即"生命威胁"或"严重身体伤害的可能性"[1]作为强制送诊的标准。这样,大量有人身或财产危险性(但达不到"严重"程度)的精神病人将被排除在强制送诊之外,如我们上述提到的屡次持斧砍树和不停地扬言要到幼儿园砍人的精神病人,这将会给社会遗留较大的治安风险。正因此,《精神卫生法》才使用了笼统的"危险性"概念而没有将其限定在"严重"的程度。但这并不意味着"危险性"的判定是任意的。由于我国暂时对于危险性判定尚未有明确规定,在此可借鉴德国法上通过一系列判例形成的比较成熟的精神病人危险性判定标准,并适当变通。[2]

1. 精神病人的违法行为是否在向严重性发展。如果比较精神病人以前的和本次的违法行为,发现违法行为的危险性日益增强,就不能忽视这种危险性的存在。如以往违法行为不存在暴力因素,近期出现暴力行为。

2. 精神病人是否具有攻击性人格和反社会人格倾向。这是判断

---

[1] 王岳:"反思精神障碍强制医疗的'危险性'原则",载《中国卫生法制》2014年第3期。

[2] 参见倪润:"强制医疗程序中'社会危险性'评价机制之细化",载《法学》2012年第11期。

危险性的重要方面。当精神病人具有攻击性人格和反社会人格倾向时,其行为模式就具有极高的攻击性,容易偏向危害他人安全的轨道。尤其是具有对他人进行生命恐吓,持械破坏财产的表现时,即便不存在实际伤害行为,也应当认定其存在"危害他人安全的危险"。在 2017 年 2 月"武汉火车站砍头事件"中,事件当事人即精神病人,其在家里就曾表现出明显的攻击性人格:因为和 5 岁的妹妹抢电视遥控板,就突然发火,用跳绳的绳子打妹妹的脸。其父母上前制止,他还提起板凳准备打父母,最后父亲拦下。"家里的门和凳子,都被他摔坏了。"[1] 如果能以此为依据提前采取医疗措施,可能就能避免悲剧发生。

3. 精神病人是否长时间持续缺乏对不法行为的辨别和控制能力。如果日常生活中的任何普通事件都足以使精神病人失控,那么可以认定为"长时间持续"。如果精神病人轻微伤害他人的行为是由于偶然事件或他人挑衅引发的,那么则不能认为其具有危险性。

通过对以上要件的综合考量,若民警认为确有"危害他人安全的危险的",应依照《精神卫生法》的规定将其送往医疗机构进行精神障碍诊断。

(三) 人身强制权的限度

《人民警察法》和《精神卫生法》都赋予警察在强制医疗过程中人身强制的权力。《人民警察法》第 14 条规定,公安机关的人民警察对严重危害公共安全或者他人人身安全的精神病人,可以采取保护性约束措施。这一条款明确赋予公安机关对精神病人的临时保护性约束权。相较而言,《精神卫生法》的规定更为宽泛,疑似精神障碍患者发生伤害自身、危害他人安全的行为,或者有伤害自身、危害他人安全的危险的,其近亲属、所在单位、当地公安机关应当立即采取措施予以制止。这一规定中的"制止"应当包括约束其人

---

[1] "武汉砍人嫌犯曾被确定二级精神残疾",载《华西都市报》2012 年 2 月 20 日,第 A6 版。

身自由的措施。对精神病人施以强制措施的主要目的在于制止其伤害自身和他人的行为,其中包含了对其人身自由的有限和暂时的剥夺。人身强制措施是强制送诊过程中的主要手段,也是送诊过程中"强制"的主要体现。我国台湾地区学者将警察所采取的此类行政强制措施称为行政管束。如李震山认为:紧急状态下,警察暂时性限制相对人的人身自由,以避免发生或继续发生危害社会治安秩序的危险,或者排除对被管束人自身或他人人身可能造成的危害为行政管束。[1]由于行政管束仅具有救护性、保护性、预防性和制止性之目的,因此有别于作为制裁性手段的行政拘留。[2]行政管束一旦实现制止违法行为的目的,应立即进行下一步处理,而不能迟延。故公安机关无论为隔离或惩罚等任何目的,将精神病人临时关在派出所或看守所内的行为已经超出了行政管束的限度,带有明显的羁押性质,因而是非法的。

民警在强制送诊过程中,所采取的人身强制措施分两个阶段:第一个阶段是制止精神病人的侵害行为,第二个阶段是将其强制送往医疗机构进行诊断。前者为保护性行政管束,在德国法上也被称为行政即时强制,是指为了排除目前的紧急危害状态,来不及发布命令、课以相对人义务,或者即使发布命令也难以达到目的,可以不经预先的告诫等程序,直接对相对人的身体、财产或场所施加强制力的行政行为。[3]由于制止情形的复杂性、制止行为的紧迫性,立法者对此类事务难以准确预见,通常不具备最适当的功能角色,因此立法对其程序上限度的控制不宜过冗过细,一般以简化为原则,而尽量赋予行政机关广泛的裁量空间。而这并不意味着对精神病人

---

[1] 参见李震山:"论行政管束与人身自由之保障",载《警政学报》1984年第26期。

[2] 参见余凌云:"论行政管束制度的再构建",载《中国人民公安大学学报》2003年第6期。

[3] 参见余凌云:《行政法讲义》,清华大学出版社2014年版,第309页。

的保护性管束不存在限度。其手段和对精神病人的侵害结果应当经得起"比例原则"的审查。即制止行为对精神病人权利侵害的大小，制止手段与所欲达成的制止目的之间必须具备衡平性，而这主要依靠执法民警的"自制"：基于对事实第一手接触，依托长期所形成的执法经验和技艺理性对何时发动及如何发动即时强制做出判断。在警械使用方面，如果精神病人具有比较严重的暴力性、攻击性，如正在街头挥舞刀剑，不让任何人靠近，为了制服被管束人，警察可以根据《中华人民共和国人民警察使用警械和武器条例》的有关规定使用警械，但原则上不得使用枪支，"最好是使用像麻醉枪之类的警械"[1]。

强制送往医疗机构进行诊断的行为限度与该行为的性质密切相关。若将精神病人送往精神病院看作即时强制的延续行为，即制止和送诊均属于即时强制，那么强制送诊行为就无需另行启动一般行政强制程序，即无需先行给出一个行政命令，也不必完全按照行政强制实施程序进行。若将强制送诊视为完全独立于即时强制的独立行为，换言之，将其定性为一般行政强制，那么，在即时强制的制止行为完成之后，仍需重新启动一般行政强制的实施程序。在《精神卫生法》中，对送诊的规定与强制行为"一气呵成"，并未作出单独规定。而《人民警察法》第14条则规定，对精神病人"需要送往指定的单位、场所加以监护的，应当报请县级以上人民政府公安机关批准，并及时通知其监护人"。从强制程序上看，该条款意味着认可送诊行为并不属于即时强制，而是一般强制。笔者认为，与制止行为相比，强制送诊时已不存在现行危害公共安全、公共秩序或个人生命、身体、自由、名誉或财产的行为或事实状况，也不具备即时强制的必要性，[2]就时间而言，强制送诊的行政决定与强

---

[1] 余凌云："论行政管束制度的再构建"，载《中国人民公安大学学报》2003年第6期。

[2] 参见史艳丽："论行政即时强制的权力界限"，载《法学评论》2015年第5期。

制执行之间完全具备一个时间上的空隙,可以从容为催告程序敦促相对人自动履行,或因催告程序无意义而从容为直接强制执行。[1]因此,民警在对疑似精神障碍患者进行制服之后,强制送诊并非必为之行为。在场民警需要做出一个基础判定,该行为人是否是精神病人,如果是,则需进一步依照前文所述之原则方法判定该精神病人是否有危害自身和他人安全的危险。在得出肯定结论之后,应当按照一般行政强制程序,对具备相当认知能力精神病人进行催告,若精神病人能够自愿前往治疗机构,或者通知监护人到场,在监护人护送下能够主动前往治疗机构,则不宜使用人身强制措施。对于无法寻得监护人又经催告无效的精神病人,才可以直接强制执行。强制措施应以必要为限度,遵循"最小限制原则"。根据这一原则,对个人权利的依法剥夺(legal curtailment)必须以给予与合法的国家目标(legitimate state objective)相一致的个人自由,以最尊重的方式执行。该原则较比例原则更为严苛,后者要求强制手段和目的之间存在合理联系即可,仅具有将极端明显的错误手段予以排除的"过滤功能"[2],而前者要求手段与目的之间存在实质关联,除了所选择的手段以外,没有其他更小限制的可选择手段,且该手段对达成立法目的具有相同或更好的效果。[3]对于即时强制,由于情况紧急,根本无暇选择最为恰当的强制手段,要求其遵循"最小限制原则"显然有失公允,因此只要符合比例原则即可。而考虑到公安民警的送诊行为并非即时强制,在制止精神病人的侵害行为后紧迫性便不复存在,因此,执法人员有充分的时间去考虑采取何种"最小限制"的措施。具体到实践层面,如在不使用任何警

---

[1] 参见朱新力:"论行政上的即时强制",载《浙江学刊》2001年第5期。

[2] Spece, "Justifying Invigorated Scrutiny and the Least Restrictive Alternative as a Superior Form of Intermediate Review: Civil Commitment and the Right to Treatment as a Case Study", *Ariz L Rev*, 1979, 21, pp. 1052-1053.

[3] 参见陈绍辉:"论精神障碍患者强制医疗中的最小限制原则",载《中国卫生政策研究》2016年第3期。

械和不完全剥夺人身自由的情况下能将精神病人送诊,则不应使用警械和采取完全剥夺人身自由的强制手段。只有在上述手段无法实现送诊目的时,才能够使用警械并剥夺精神病人的人身自由,但也只允许使用约束带或者警绳,不允许使用手铐、脚镣、(电)警棍等警械,这才符合最小限制原则的要求。"英国警察法上也认为,为了制止精神失常的人伤害自己或他人而使用手铐,绝对不是值得称道的做法。"[1]同时,还应制作现场笔录,将强制送诊的原因、地点、时间,有无和因何使用警械等记录在案,由精神病人的监护人或见证人签名。

四、《精神卫生法》未规定之情形:公安机关介入的职权及其限度

尽管《精神卫生法》赋予了公安机关介入精神病人行政强制医疗职权,但具体如何实施、如何界定某些情形等都没有具体的、详细的规定,在实际工作中缺乏可操作性。同时,由于《精神卫生法》具体规定上的缺位,使得其具体规定无法涵射现实中存在的所有情况。在没有明确法律依据的情况下,公安机关的职权摇摆于精神病人个体权利和公众安全之间,无法做出确定的处置。但这并不意味着这些疑难情形在立法不足的情况下无解。公安机关并不能以"法律缺陷"作为拒绝执法的理由,人们期待警察与法官一样,必须无所不晓,不存在无法解决的"疑难"案件。根据我国精神卫生立法的精神、国际上对精神病人权利保障的原则以及基本法理,公安机关在应对行政强制医疗中某些疑难情形时仍然可以做出合法、合理的处置。

(一) 无人身攻击性或轻度暴力的肇事精神病人

《精神卫生法》中规定了对有危害自身和他人安全危险的精神病人可采取制止和强制送诊措施。上文已经分析过,"危险性"的

---

[1] 余凌云:"论行政管束制度的再构建",载《中国人民公安大学学报》2003年第6期。

判定不是任意的,而必须满足一定的程度要求。由于长期以来形成的法律家长主义传统,一些轻微危害他人行为如口头威胁、喊叫、辱骂、偶尔打砸财物的肇事(违反治安管理规定)精神病人也有可能被行政强制治疗。同时,加之对精神障碍疾病认知上的不足,忽视了对其行为的主观意志方面的考量,也导致非因疾病本身原因(如间歇性精神病人在神志清醒期间或本无攻击性精神病人遭到对方挑衅、辱骂或殴打)引发的精神病人的轻度暴力行为也被视为具有危害他人安全的行为和危险。但此类精神病人在通常情况下是不具备人身攻击性的,明显未达到强制医疗所要求的危害性标准。通过批评教育、加强监护完全可以避免此类行为。

2012年《精神卫生法》之前,有些地方的公安机关对肇事和肇祸的精神疾病患者一律倾向于强制医疗。[1]此举虽然有利于规避治安风险,但实际上已超出了其职权限度,也侵犯了精神病人的合法权利。《治安管理处罚法》规定精神病人违反治安管理规定免于处罚,并要求公安机关责令其监护人严加看管和治疗。对于违反《治安管理处罚法》的肇事精神病人,除其行为危害他人安全或者有危害他人安全的危险,立法并没有授权公安机关强制送诊。而且,根据联合国《保护精神病患者和改善精神保健的原则》所确立的最小限制原则,只有在没有其他限制性更小的替代措施时,方可对患者采取非自愿治疗。因此,从人权保障原则出发,对于危害行为易控且具有偶然性、行为危害性轻微以及非因精神障碍原因发生的轻度暴力行为,公安机关采取临时保护性约束措施和强制送诊前,应当尊重其主观意志并倾听其辩解,经精神病人或其监护人同意方可送诊。若精神病人和监护人不同意,则应依照《精神卫生法》确立的诊断自愿原则,不应强制送诊,更不可强制住院。

尽管有人主张公安机关将疑似精神病人送往医院诊治属行政救

---

[1] 参见崔永利:"强制医疗是为确保大多数人安全",载《华商报》2016年5月9日,第A8版。

助,[1]但强制医疗以剥夺患者人身自由为代价,其与个体人权保障之间存在冲突已经成为中外学界共识。公安机关除非能够说服精神病人及其监护人主动就医,否则仅因行政违法就将疑似患者强制送诊就有过度行使职权之虞,也容易造成"被精神病"的情况。从功利主义的衡量标准出发,公共利益应为个人功利总和的最大化实现。由此,对于有冒犯行为(如恐吓、谩骂、滋扰或裸露)的精神病人不适用强制医疗,是因为精神病人的个体自由与公众免于"被精神病"恐惧的权利的利益之和,要比个别公民的生活安宁权更为重要。个别公民不得不在一定程度上忍受一定的冒犯和滋扰。公安机关应对此类情况,除及时制止外,还应当行使督促权,责令监护人尽到看管和治疗的责任。《精神卫生法》未对公安机关督促的内容作出明确规定,但结合立法意图和地方精神卫生条例,公安机关尤其是社区民警应做好以下工作:做好所管辖区域内的精神病人排查工作,对于有患者的家庭重点关注,对于有送治意愿的监护人和患者做好说服和督促工作。对不愿意住院治疗的,督促监护人履行好监护责任,包括不得遗弃、歧视、侮辱、虐待患者;不得非法限制精神病人人身自由;妥善看管、照顾精神疾病患者,防止其伤害自身、危害他人或者社会;为经诊断可以出院的精神疾病患者办理出院手续;帮助精神疾病患者接受非住院康复治疗或者职业技能培训等。

(二)有伤害自身的行为或者有伤害自身危险的精神病人

我国当前的刑事立法对自伤和自杀行为采取自由主义的立场,因而其不具有刑法上的可归罪性,无法适用刑事强制医疗的程序。国家对于自杀、自伤精神病人行政强制医疗主要是基于法律家长主义对保障其生命健康权的考量。在送诊后,对于具有自伤自杀情形的患者,患者和监护人仍然具有自主权,可以决定是否住院。若患者有充分认知能力的情况下,作出不住院治疗的决定应当予以尊重。

---

[1] 参见赵克:"公安机关将疑似精神病人送往医院诊治属行政救助",载《人民司法》2014年第14期。

但在患者丧失认知能力,不能正确表达自身意愿时,其监护人因经济原因作出不住院决定时,并不一定符合监护人的最佳利益,还有可能会延误患者治疗,放任其自杀自伤行为。从法律家长主义和保护患者权利的角度出发,公安机关应履行督促职责,督促监护人作出住院决定,必要时在征得监护人同意后,可由公安机关代为办理住院手续,医疗费用由政府承担。这一职权行使的限度并无违反《精神卫生法》之虞。对于因其他原因坚持不愿意住院治疗的,公安机关和医疗机构应允许其出院。但应督促监护人对患者做好看护管理,同时应参考一些国家的做法,由社区民警做好患者的跟踪和监控工作,以免其再次自伤、自杀。对于屡次放任患者自杀,公安机关屡次制止、送诊又不同意住院治疗严重精神病人该如何处理,《精神卫生法》并未作出规定。但是,公安机关又不能放任患者屡次自伤自杀而不顾。根据《保护精神病患者和改善精神保健的原则》和世界其他国家的普遍立法例,因患有精神病,很有可能即时或即将对他本人造成伤害的情形应当予以强制医疗。我国强调患者的自主诊疗权是以其能代表自身的最佳利益为前提的,但从其患者屡次自杀自伤或监护人屡次放任自杀自伤的情况出发,应能够推断出监护人和患者不愿住院的自主意愿并不能反映其最佳利益,对其尊重不再符合立法精神。同时,对于屡次自杀自伤的患者,从其具有暴力倾向的角度考虑,同样具有危害他人安全的危险性。公安机关就此应举证以配合医疗机构进行认定,强制患者住院治疗,从而充分保障其权利及公共安全。

(三)流浪和监护人不履行(或无力履行)监护责任的精神病人

流浪精神病人和监护人不履行(或无力履行)监护责任的精神病人都处于一种脱离监护的状态。公安机关对查找不到近亲属的流浪乞讨精神病人,以及监护人不履行(或无力履行)监护责任的精神病人可根据《精神卫生法》的规定,联系当地民政部门,帮助送往医疗机构进行精神障碍诊断。

但在流浪和监护人不履行（或无力履行）监护责任的精神病人明确拒绝诊断和住院医疗的情况下，根据《精神卫生法》的规定，公安机关不能行使强制送诊权。但对于其中病情严重或者无法保障自身基本生存的精神病人，公安机关放任其拒绝强制医疗明显有违人道主义和人权保障的要求，此种情况下公安机关是否可以行使强制送诊权并由医疗机构作出强制住院的决定？联合国《保护精神病患者和改善精神保健的原则》指出，对精神病严重，判断力受到损害，不接受入院或留医可能导致其病情的严重恶化，或无法给予限制性最少的治疗方法，只有住入精神病院才可给予治疗的情况，可以采取强制住院医疗。美国联邦和各州的精神卫生立法，对于患者无法独立生存、疾病或健康恶化等重性精神障碍[1]都允许强制医疗。

生命健康权优位于人身自由权，从保障精神病人的健康权和治疗权角度出发，对此种情形下的强制治疗符合患者本人的根本利益。国家基于父权主义为防止不能照看自我而处于危险状态的精神病人遭受伤害，有权对这些患者采取非自愿治疗措施。患者病情严重或者无法保障自身基本生存而拒绝住院的行为也可被扩张解释为《精神卫生法》中的"伤害自身危险"行为。因而，国家可在其监护人缺位的情况下，代为履行监护人职责，由公安机关行使监护人的决定权，强制送诊，无论在法律精神还是具体规定上，都无违背《精神卫生法》之虞。

（原载《中国人民公安大学学报（社会科学版）》2019年第6期）

---

[1] 参见陈绍辉："论强制医疗程序中危险性要件的判定"，载《河北法学》2016年第7期。

第六章　警察与网络空间安全：涉恐怖主义网络谣言的法律治理

互联网的诞生与发展，使时间-空间获得了前所未有的延展，加深了吉登斯意义上"脱域"[1]的程度，使得社会成员相互交往方式由必须地域性在场转化到可以缺场，并且较以往任何时期都更加具有即时性、紧密性和弥散性。[2]而网络言论在传播速度、传播方式、影响受众等方面也发生巨大变化，使得言论自由的界限一再被突破，将传统上言论自由与法律规制之间的平衡打破。基于网上言论不同于传统言论的新特征，政府也不得不寻求新的法律治理途径。

在需要规制的网络言论中，网络谣言首当其冲。谣言并非新鲜事物，恐怕"谣言的历史与人类的历史大体同岁"[3]。而在互联网出现后，谣言与之联姻才催生了网络谣言这一负面存在。在当前的研

---

[1] 脱域是指社会关系从彼此互动的地域性关联中，从通过对不确定的时间的无限穿越而被重构的关联中"脱离出来"。而所有的脱域机制都依赖于信任。参见[英]安东尼·吉登斯：《现代性的后果》，田禾译，译林出版社2011年版，第18~26页。

[2] 传统的社会交往通常局限于熟人之间的交流或与陌生人点对点的有限交流，而网络环境扩大了社会交往的球面半径，个人在网上可以与诸多陌生人同时进行无限制的交流，甚至通过"自媒体"向不特定的人散播言论并进行互动，形成了"点对面"甚至"一点对多面"的交流模式，因此本书称其为弥散性交流。

[3] [美]卡斯·R·桑斯坦：《谣言》，张楠迪扬译，中信出版社2010年版，第3页。

究中，有学者按不同标准对网络谣言进行类型学上的划分是有意义的。[1]不同类型的谣言的生成机制和危害程度存在异质性，因而需要采取的规制手段和力度也必须有所区分，不能一概而论。根据谣言的具体类型采取对症措施，方能达到精准规制。其中涉恐怖主义谣言就是网络谣言中具有特性且危害程度较高的一类。这一类谣言可能源于不知情者，也可能源于普通公民中的蓄意造谣者，更有甚者是恐怖分子有意为之，与恐怖主义存在粘连的可能性。

一、涉恐怖主义网络谣言辨析

近年来，一些在网上传播恐怖主义的谣言受到行政处罚乃至刑事处罚的案例频现报端。如 2015 年 12 月，内蒙古网民高某在其微信朋友圈发布谣言："发现恐怖分子踪迹，人数不详，有武器！"内蒙古警方对其处以 5 日行政拘留并罚款 200 元的处罚。深圳网民吴某在微信朋友圈发布谣言消息称："龙华已经出现了恐怖分子连砍五人"，并配有虚假视频。深圳警方将其刑事拘留。[2]此类网络谣言往往涉及虚假的恐怖主义事件或恐怖主义危险，以正在发生或者已经发生的、造成或者可能造成重大社会危害的恐怖主义活动，以及恐怖主义活动将要发生的潜在可能性作为主要内容。在当今社会，恐怖主义已经成为重要的风险来源，作为一种特殊犯罪，需要严厉打击并力图取缔，恐怖主义谣言的危害不仅在于造成了社会恐慌，还在于其扩展了恐怖主义的影响，为其张目，助推其进一步侵蚀社

---

[1] 如根据谣言内容将网络谣言分为：(1) 与自然灾害有关的谣言；(2) 与核辐射、化工污染有关的谣言；(3) 与人物自杀、他杀及意外死亡的谣言；(4) 与社会伤害有关的谣言；(5) 与政府行动有关的谣言；(6) 与食品安全有关的谣言。或根据依据造谣目的，将网络谣言分为：信息求证型、情绪宣泄型、利益攫取型、娱乐恶搞型谣言。参见王国华、汪娟、方付建："基于案例分析的网络谣言事件政府应对研究"，载《情报杂志》2011 年第 10 期；孙丽："网络谣言的类型与特征"，载《电子政务》2015 年第 1 期。

[2] 参见"公安部：五网民恶意编造发布涉恐谣言信息被拘"，载 http://news.xinhuanet.com/legal/2015-12/31/c_128585273.htm，最后访问时间：2017 年 2 月 15 日。

会生活和人们的精神领域，因而比其他谣言更具有社会危害性。

总体而言，涉恐怖主义网络谣言（以下简称"涉恐网络谣言"）行为从行为人的主观心态上分为两种主要类型。一种是以宣扬恐怖主义、极端主义、煽动实施恐怖活动为目的在网上发布虚假涉恐信息的情况。一些恐怖主义分子与居心叵测之人将恐怖主义思想与涉恐信息在网上大肆传播，加剧了"媒介恐怖主义"。另一种则是作为普通群众的大众传播，其中大部分的人传播涉恐谣言其实更多是基于好奇心与盲目从众，并且在涉恐网络谣言传播过程中的心理强化使得他们更加确信自己的"正确"与"正义"。在这种状态下，每个人都有可能成为恐怖分子的"新闻播报员"，其客观传播行为会造成社会恐慌，损害社会秩序。但是，对待两类行为应当予以区分。如果说是对恐怖犯罪的打击，严惩重处是理所应当；但大多数网民对于涉恐信息的散布与传播都不具有实施恐怖主义犯罪的主观心态，不应当以法律制裁作为主要的治理手段。主观心态（无意、故意、何种故意）的差异，其性质应当是完全不同的。进一步说，客观行为（编造者还是传播者）、危害结果（大与小、损害公共领域还是私人领域）甚至行为主体（公众人物还是普通百姓）都有可能成为法律上给涉恐网络谣言行为定罪量刑的关键变量。[1]但法律适用的问题并非本书讨论的主要内容，笔者在书中不再展开。

二、涉恐网络谣言的生成传播机理

涉恐网络谣言的生成包含了制造和传播两个环节。在网络时代，涉恐网络谣言一旦生成就存在传播的倾向，其传播速度和广度都远超以往任何方式，其生成和传播过程几乎是同步进行的。因此，网

---

[1] 参见周安平："公私两域谣言责任之厘定"，载《法制与社会发展》2015年第2期；郭春镇："公共人物理论视角下网络谣言的规制"，载《法学研究》2014年第4期。

络社会的来临是涉恐网络谣言得以泛滥的重要原因之一。同时，不同类型的涉恐网络谣言行为在生成机理上也有差异性。涉恐网络谣言因行为人的主观状态类型分为两种，一种以宣扬恐怖主义为目的，另一种则与恐怖主义目的无涉。后者又可进一步分为投机型和随众型。投机型是为实现恐怖主义犯罪以外的其他违法目的而传播，比如报复社会、恐吓他人或者追逐不法利益；而随众型，即前文所说的自认为"真实、正确"的大众传播。探讨原因也时常需要进行类型化的分析。

（一）双层社会形成与网络松绑效应

为何互联网加剧了涉恐网络谣言的传播，可以从"双层社会"和"网络松绑效应"两重理论视角解读。

在信息化发展蔚为大观的今天，网络社会不仅形成了自身完整的社会架构，而且正在进一步辐射现实社会。比如，通过网络直播或网络推手炒作，草根可以一夜变网红；网络上的网络游戏币、QQ币和比特币等虚拟货币失窃，映射到现实社会就是直接的财产损失。因此，网络构成了现实社会的平行空间，"双层社会"由此而来。"双层社会"的两个空间会基于"耦合关系"不断地关联和互构，因此涉恐谣言的生成场域不仅从原本的有限现实社会空间转向无限的网络空间，同时谣言也会在现实社会与网络空间之间穿梭往返，在彼此互构、变异过程中不断得到强化。

而网络空间特有的"网络松绑效应"也加剧了涉恐网络谣言的传播。传统社会中，涉恐谣言的传播具有私密性、单向性、关系性和媒体传播受限制性等特点，这使得谣言传播效率受到一定限制，其影响力和破坏力被局限于一定的时间和空间范围之中。由于涉恐谣言的敏感性和违法性，其传播不会公开化，往往具有私密性。传统信息传播路径是点对点模式，谣言从传播者到接收者的流动具有明显的单向性。谣言传播者和接收者之间也往往是熟悉的人，因此其传播有着明晰的人际关系网络。同时谣言传播者也很难借助传统媒体来传播谣言，权威媒体甚至能起到谣言的阻断作用。但是基于互联网的特性，谣言传播的上述限制均被打破。首先，网络具有匿名性和隐蔽性，个人信息完全被隐藏，无人知晓你在网上说了什么、做了什么，即使发现了网上违法行为，追索也十分困难，因此谣言传播得以公开化。其次，网络具有低成本性，涉恐谣言的传播，只需要简单的复制、粘贴，动动手指一键分享即可，便捷、高效而且几乎是零成本。最后，网络的超时空性，改变了传统的"点对点"和"点对面"延时性谣言传播模式，使谣言的传播不再受制于时空约束，能够像核裂变一样，以即时性的"点-面-面"的弥散方式传播。谣言的传播者和接收者很可能彼此没有任何社会关系，打破了传播的单向性和关系性。同时谣言的弥散传播特征使得传播者成为变异谣言的二次乃至多次接收者，从而强化其对谣言的确信。网络环境下，媒体逐步去中心化，传统媒体被网络新媒体取代，每一个个人都可以作为媒体对外发声。网络所具有的这些特性，剥离了人类社会数千年来形成的习俗规范，[1]生成了所谓"网络松绑效应"。个体在鲜少法律约束和道德自律的传播环境中，肆意炮制与散播网络谣言，这是网络环境下各类谣言得以迅速传播的共性机理。

（二）恐怖主义与网络的联姻

从类型化涉恐网络谣言的角度出发，以宣扬恐怖主义为目的散布涉恐网络谣言的行为可以被纳入恐怖主义犯罪，其生成的主要原因在于恐怖主义看中了网络的上述重要性和特殊属性，将其作为达成其目的的重要途径。

恐怖主义利用网络实现自身增殖早已不是新鲜事了，网络恐怖主义、信息恐怖主义都是对这一现象的描述。早在20世纪90年代，"基地"组织就建立了第一批恐怖主义网站，包括"召唤"和"先知的利剑"等，向外界宣传恐怖主义思想，而后各类恐怖组织纷纷

---

[1] See Joel Stein, "How Trolls Are Ruining the Internet", *Time*, 2016.

第六章 警察与网络空间安全：涉恐怖主义网络谣言的法律治理

效仿，都建立了自己的网站。[1]随着 Web 2.0 时代的到来，恐怖主义利用网络实施破坏性攻击、向公众传播非法内容，以及以计算机为基础策划和支援恐怖活动等花样更是层出不穷，[2]甚至已有证据表明恐怖主义已跨过表层网络，开始使用暗网（dark web）进行犯罪活动。[3]恐怖分子往往无法通过正面对抗政府来实现其政治目的，才转而走向恐怖主义的，因而其目的不是直接通过暴力推翻现政权，而是期待政府迫于压力而退让。这使其成为一种"追求效果"的暴力，即让其恐怖组织和恐怖活动达到最大的公众注意程度。因此，它必须借助媒介来提高自己的"知名度"并渲染恐怖。因此，传统媒体对恐怖事件的报道有时被指责为在宣传恐怖方面与恐怖主义的"共谋"，但总体上传统媒体在涉恐信息传播方面仍然是审慎而且程式化的，都是按照标准配方烹调细节，会受到内部体制影响而秉持政府立场，强调恐怖主义的非道德性以及社会秩序可欲性（desirability）。尤其是"9·11事件"以后，欧美学界对恐怖主义传播的研究向实用主义转向，提出了所谓的"媒介导向型恐怖主义"（media oriented terrorism）概念，[4]通过研究公众对恐怖主义信息的感知和反应，从而注意媒体报道中的策略问题，避免产生不良效应。[5]

因此，恐怖主义为实现传播的目的将目光转向了网络空间。互联网因其低门槛便成为恐怖分子制造舆论、募集成员和筹措资源的

---

[1] 参见马国春、石拓："国际涉恐音视频的网络传播及其治理"，载《阿拉伯世界研究》2016年第1期。

[2] See U. Siber, "International Cooperation against Terrorist Use of Internet", Revue International de Droit Penal, Vol. 77, 2006, pp. 395-449.

[3] 参见张伟伟、王万："暗网恐怖主义犯罪研究"，载《中国人民公安大学学报（社会科学版）》2016年第4期。

[4] See B. L. Nacos, *The Central Role of the Media in Terrorism and counterterrorism*, Rowman & Littlefield, 2007.

[5] See R. Surette, K. Hansen, G. Noble, "Measuring media oriented terrorism," *Journal of Criminal Justice*, vol. 37, No. 4., 2009, pp. 360-370.

首选媒介。网络尤其是自媒体时代的来临，加剧了"媒介恐怖主义"，每个人，包括恐怖分子都能成为手持摄像和麦克风的新闻播报员。恐怖信息通过线上的直接扩散是非程式化的，并不受主流价值和伦理的约束。恐怖组织及其成员本身就是一些涉恐谣言的编造和传播者，而普通的造谣和传谣者则起到推波助澜的作用。恐怖信息的轰动效应，极容易被过分解读继而产生异化，加之脸书、推特、微信等网络社交平台特有的信息碎片化和交互性，增大了谣言传播的风险，恐怖信息通过网络谣言的"加持"，轻易地实现了"信息增殖"。[1]

（三）大众和个体认知心理

除带有恐怖主义主观恶意的造谣、传谣行为之外，普通群众编造、传播涉恐谣言的动因为何？投机型的造谣与传谣，作为一种主动行为，不存在截然无意识的情况，谣言的制造者"通常是有着清醒的自我意识"，"会受各种动机驱使"。[2]桑斯坦认为谣言制造者均存在一己私利的成分，根据具体目的可分为"谋求一己之利""追求政治利益""恶意中伤""哗众取宠"四种。而随众型的谣言行为，往往是群体现象而非个体行为，无数的普通传播者在其中扮演着极为重要的角色。他们绝大部分并没有传播恐怖主义的主观恶意，也不存在明确的利己动机（至少人们不会明确认为自己将从传播涉恐谣言的行为中获利）。那么是什么样的心理机制促使普通大众相信并在网上传播涉恐谣言？

1. 信息流瀑强化了从众心理，彰显"羊群效应"。人当然不是羊，但网上涉恐谣言的传播离不开群来群往。网络塑造了一个公共表达的空间，言论的群体在线上生成。在群体中，突出的才智会被

---

〔1〕 参见石小川等："大数据背景下恐怖主义信息的新媒体传播研究：关键问题与重要议题"，载《湖北社会科学》2016年第12期。

〔2〕 参见［美］卡斯·R·桑斯坦：《谣言》，张楠迪扬译，中信出版社2010年版，第17页。

第六章 警察与网络空间安全：涉恐怖主义网络谣言的法律治理

削弱，异质化会被同质化吞没，无意识的品质决定了群体的智慧。[1]因此群体中的大部分人会选择跟风盲从。人们的"言论跟风"导致了涉恐网络谣言的"流瀑"效应。一个谣言一旦流传开来，会有更多的人去扩散，正如瀑布倾泻一般。相较于一般谣言，涉恐谣言更容易形成流瀑。有些谣言由于无法勾起人们兴趣，在网络传播过程中逐渐就会销声匿迹，并不会带来较大危害，而涉恐谣言则不然。在当代，恐怖主义几乎承载了所有能够引起人们注目的符号（国家、民族、宗教、风险与安全），涉恐信息往往能吸引人们最大程度的注意，尤其对于关系日常安全的涉恐谣言，关注和阅读几乎是出于一种本能上的强制，继而在心理上更倾向于采取"宁可信其有"的态度。强化的羊群效应滋长了涉恐网络谣言。

2. 弥补"信息黑洞"的代偿心理。在天津港爆炸事件中，"爆炸与恐怖分子袭击有关"的谣言一度甚嚣尘上。[2]在发生爆炸、中毒、暴力等重大公共事件以及恐怖袭击时，地方政府信息反馈迟缓，更容易催生涉恐类谣言。美国心理学家奥尔波特将谣言的产生公式总结为"谣言（R）=重要性（I）×模糊性（A）"，即一个事件越重要，同时越模糊，则越容易产生谣言。面临突发性公共事件，政府作为权威信源一旦失语，会造成事件的模糊化，形成信息黑洞。而在公众对真相求之而不得时，就催生了信息黑市，快速生成并传播的涉恐网络谣言就会以代偿性信息的形式轻易地被公众接受。有些与恐怖袭击完全无关的公共安全事件，信息不及时向公众公开，被猜想成恐怖主义所为，而真正的恐怖事件，则可能会被谣言扭曲：或夸大其严重性，造成社会恐慌；或被说成普通群体性事件、民族

---

[1] 参见［法］古斯塔夫·勒庞：《乌合之众：大众心理研究》，戴光年译，新世界出版社2010年版，第9页。

[2] 参见"天津港爆炸：有人谣称此次爆炸与恐怖分子有关"，载 http://news.cnr.cn/native/gd/20150813/t20150813_519536824.shtml，最后访问时间：2020年2月22日。

矛盾等,为恐怖主义的暴行辩驳。例如"7·28莎车暴恐案"发生后,就有网民将暴恐案谣传为民族间冲突,并夸大其细节,煽动民族仇恨,并在境外造成极为恶劣的影响。[1]

3. 涉恐网络谣言传播过程中的心理强化。在Web 2.0时代,用户的交互作用愈加明显。脸书、Instagram、微信等网络社交平台都有很强的交互性,对"朋友圈"发布的信息互相点赞、留言已成为日常社交不可分的一部分。线上发布一些大众都希望关注和了解但是无从获知的消息,似乎能凸显发布者的超群的智力、地位与人脉,满足其吸引关注度、增加点击率的心理需求。由于涉恐信息的敏感性、涉密性和官方性,加之地方政府对民众知情权保障不足,信息公开不到位,发布涉恐信息能够很好地满足谣言制造者的心理需求。真的、假的、半真半假的涉恐信息就像一块巨大的集体口香糖,[2]谁都愿意咀嚼两下。就这样,纷至沓来的问询、点赞及转发等"积极反馈"强化了其不加识别就转发和传播的意愿。同时,质疑、诘问等"消极反馈"同样也会强化涉恐信息传播者的传谣意愿。因为抛出谣言就等同抛出了自己的信誉,面对网上的质疑,不断的对垒回应则使谣言传播者从"将信将疑"变为"言之凿凿"。社交平台的交互性也促使对同一话题感兴趣的人形成了网络中的小团体(如主题吧、微信群、qq群等)。一个恐怖主义话题被抛进来,极易引发圈内"同仁"和"战友"的公共讨论,通过群体极化、偏颇吸收、回声室效应以及不良集体记忆等的交织作用,涉恐谣言的内容与观点得到进一步心理强化和极化。

---

[1] 参见:"新疆网民'翻墙'发暴恐谣言被拘:谎称武警轰炸莎车3个村",载http://news.xinhuanet.com/mil/2014-08/11/c_126854524.htm,最后访问时间:2020年2月22日。

[2] 参见[法]让-诺埃尔·卡普费雷:《谣言:世界最古老的传媒》,郑若麟译,上海人民出版社2008年版,第60页。

三、从上述原因分析我国对涉恐网络谣言法律治理的不足

为应对涉恐网络谣言，在法律治理方面最突出的举措是 2013 年最高人民法院、最高人民检察院发布的《关于办理利用信息网络实施诽谤等刑事案件适用法律若干问题的解释》（简称《网络诽谤解释》），2015 年《中华人民共和国刑法修正案（九）》中增加"编造、故意传播虚假信息罪"以及 2016 年施行的《反恐怖主义法》第 90 条中对"编造、传播虚假恐怖事件信息"的行政处罚。这几项立法举措的施行，为涉恐网络谣言的治理提供了重要的法律抓手。但反思我国对涉恐网络谣言的法律治理，仍然存在以下几方面的问题。

（一）法律的制定和适用与双层社会新格局不兼容

对涉恐网络谣言的行政处罚依据在 2016 年以前一直套用《治安管理处罚法》中第 25 条"散布谣言故意扰乱公共秩序"的规定。但其规定的"扰乱公共秩序"在网络环境下该如何判定，在适用中一直争议不断。根据"现实公共场所秩序说"，网络谣言需要对现实公共场所造成实际干扰方能达到处罚标准。而根据"网络空间秩序说"，只要对网络空间秩序造成干扰，不需要产生现实影响即可给予处罚。在实际的司法实践中，两种认定方式都有判决产生。网络世界与物理世界毕竟不同，现实公共秩序与网络公共秩序是存在差异的，物理空间的公共秩序被扰乱是可见的，相对容易判定，但网络空间秩序"被扰乱"的标准却是十分模糊的，而实践中的判定标准更是五花八门，有的以个别转发和负面评论作为扰乱的证明，有的法院判决则直接推定了之，只要有网络谣言的散布行为即推定其对网络空间秩序构成干扰。[1] 缺乏对"扰乱网络空间秩序"的认定标准，在适用《治安管理处罚法》过程中容易出现打击面过宽

---

[1] 参见孟凡壮："网络谣言扰乱公共秩序的认定——以我国《治安管理处罚法》第 25 条第 1 项的适用为中心"，载《政治与法律》2020 年第 4 期。

的情况。

《反恐怖主义法》出台后，其第63条和第90条虽然对涉恐谣言作了专门规定，但是规定过于粗糙。第90条规定：任何单位和个人不得编造、传播虚假恐怖事件信息……个人有前款规定行为的，由公安机关处五日以上十五日以下拘留，可以并处一万元以下罚款。该规定在处罚编造、传播虚假恐怖事件信息的行为时并不考虑行为的主观心态和危害后果，尤其是忽略了当前网络社会的背景。其一，从已经讨论过的谣言生成心理机制分析，网络谣言的中间传播者很多并没有主观恶意，只是出于好奇、盲从甚至是安全提醒的意图，而且实践中网络传谣行为涉及的人数众多，根本难以执行；其二，任何人的判断都不可能一直正确，网络时代出现了信息爆炸，各种不实信息纷至沓来，时时刻刻冲击着人们的认识，不可能要求人们发表言论前要承担证实的义务，网络谣言的最初制造者因主观上的错判而发布的未经证实言论，是否和故意编造并散播谣言者同样对待；其三，对于传播和扩散范围极为有限，或者仅仅是求证或询问，在网络和现实中均没有造成危害、影响的网络谣言行为，是否也要进行处罚？

涉恐网络谣言入罪的依据是《刑法》第291条的司法解释[1]。该条惩罚的对象是编造和故意传播恐怖信息，或者明知是编造的恐怖信息而故意传播，严重扰乱社会秩序的行为。最高人民法院的司法解释对"严重扰乱社会秩序"的情形进行了细致的规定，但是仍然停留在对现实社会秩序的理解上，如致使机场、车站等人员密集场所秩序混乱，或者采取紧急疏散措施的，影响大型客运交通工具正常运行的，正常工作、生产活动中断或者生活秩序严重混乱等。其明显的不足是忽略了网络时代的特殊性，没有将双层空间放在同等重要的位置加以规制。

---

[1] 参见最高人民法院《关于审理编造、故意传播虚假恐怖信息刑事案件适用法律若干问题的解释》。

(二) 传统反恐模式应对涉恐网络谣言的失灵

以实施恐怖主义犯罪为目的的涉恐网络谣言可以被网络恐怖主义所涵摄。据2014年一项统计显示，高达90%的恐怖组织使用社会化媒体宣扬恐怖主义。[1]恐怖主义在网络空间中的活跃以及对新媒体的娴熟运用，已成为公共安全的一大威胁。恐怖分子散播涉恐网络谣言的目的多种多样，但中心目的是实施恐怖犯罪。例如，恐怖组织为达到宣传和炒作自身的目的谎称对某恐怖事件负责，从而为招募成员和筹措资金做准备，如2011年7月挪威发生致92人死亡的枪击爆炸事件，事后至少两个恐怖组织宣布对此次袭击事件负责，而美国方面的消息则称，挪威的这次事件和恐怖组织无关，为挪威国内人士所为。散布涉恐网络谣言的成本明显比实际策划恐怖袭击要小得多，而在效果上却同样能够制造恐慌。而恐怖组织通过互联网招募组织成员、募集资金、传递信息、策划袭击、宣传恐怖活动等则更为便捷，更容易规避传统审查。因而，极端组织ISIS就极为擅于利用社交媒体。智库布鲁克林研究院发表报告《ISIS Twitter Census》，估计推特上有最多7万个亲伊斯兰国账号，保守估计大约有4.6万个。[2]通过推特，ISIS能够与支持者直接互动，接受留言和转发，扩大传播范围并提升速度，这种方式已经为其他极端恐怖团体纷纷效仿，成为互联网发展的"阴暗面"。

在应对网络恐怖主义过程中，传统反恐模式显得捉襟见肘。传统上我国习惯于确保政府对反恐执法的垄断权，网络恐怖主义恐怖行动的离散化和碎片化加大了科层架构的组织结构防范和打击恐怖主义的难度；以案件和人为中心展开的传统反恐调查模式，在应对

---

[1] 参见石小川等："大数据背景下恐怖主义信息的新媒体传播研究：关键问题与重要议题"，载《湖北社会科学》2016年第12期。

[2] See J. M. Berger, and J. Morgan, "The ISIS Twitter Census: Defining and Describing the Population of ISIS Supporters on Twitter", The Brookings Project on U. S. Relations with the Islamic World, 2015-3-5, https://www.brookings.edu/wp-content/uploads/2016/06/isis_Twitter_census_berger_morgan.pdf, 2020-10-5。

网络空间中呈现日益松散结构的恐怖组织以及随机、自发的网络恐怖主义行为时，可能耗费巨大而无所收获；以避免恐怖事件实际发生作为反恐打击重点以及反恐成效评价标准，导致对网络恐怖主义危害认识和估计不足，后者对普罗大众精神领域的侵蚀并不亚于现实中的恐怖事件。

(三) 忽略公众个体情绪和认知在网络涉恐谣言传播中的作用

当今社会已经进入一个"人人都能生产信息"的互联网群体传播时代。群体传播充分满足了普通个体认知的社会化互动交流和情绪的社会化感染，普通个体情绪、个体认知的社会化传播成为传播新环境、信息生产新方式中的突出现象。[1] 根据上面的分析，网络涉恐谣言的生成和传播过程极易受到个体认知心理的影响。因此，一方面，应当通过宣传教育手段提升大众对谣言的辨识和认知能力；另一方面，应当通过前置性的阻断机制，介入并引导、规制传播过程，及时化解羊群效应，缓和心理强化。

当前我们对网络谣言的心理传播机理关注不够，对其法律治理机制较为单一，明显呈现出对事后强制性措施的路径依赖。从2013年的《网络诽谤解释》，再到2015年《中华人民共和国刑法修正案（九）》，官方对于网络谣言行为的治理从治安处罚上升为刑事制裁，尤其对涉恐怖主义网络谣言行为的处罚明显呈现出归罪化的趋势，这表明在这一反恐领域对事后制裁手段的路径依赖。然而，涉恐网络谣言治理不能仅仅依赖事后对谣言行为的强制性制裁。首先，很多涉恐网络谣言其实并不高明，只要能够监管到位，未雨绸缪，就有可能避免造成严重的危害后果，恰恰是由于治理机制中事前预防和事中监管环节的缺场，导致了网络舆论的失守。其次，涉恐谣言有时出自恐怖分子之手，恐怖主义对于传播效果的渴求甚至超出制造一起真实恐怖袭击，对恐怖行为的事后处罚并不能阻止其目的

---

[1] 参见隋岩："群体传播时代：信息生产方式的变革与影响"，载《中国社会科学》2018年第11期。

第六章　警察与网络空间安全：涉恐怖主义网络谣言的法律治理

实现，"直接受害者只是他们蓄意制造影响力的工具"[1]，公众已产生的信任危机和恐慌情绪是事后制裁手段难以弥合的。最后，网络谣言的辐射主体十分广泛，而其中既包括位居中心的恶意编造和传播者（领头羊），也包括位居边缘的无意助推者（羊群），强制性规范所能起到的强制作用遵循从中心到边缘递减的涟漪效应，因此，涉恐谣言的传播中，除位于涟漪中心的核心传播行为会受到规制外，更多位于边缘的谣言传播行为很难得到规制。而如果对谣言行为不做区分一律采取同样强制性的规制措施，政府将淹没在网络谣言调查与追究的汪洋大海中，[2]或者走向另一个极端，造成执法部门自由裁量空间过大，放纵弹性执法和选择性执法。同时，另一项重要危害在于禁锢个体和虚拟社会的内在活力发挥，[3]一旦迫使公众的网络讨论疏离于对公共事件的关注，形成"寒蝉效应"，必然会造成公共空间言论自由的减损，继而难以发挥网络公众意见对于恐怖事件的预警作用，"坚持专门工作与群众路线相结合"的反恐原则也成为一句空话。

此外，忽视网络涉恐谣言传播过程中的公众心理机制导致的另一问题是突发公共事件信息公开责任制度缺位。从发生学的角度，故意编造的涉恐网络谣言有两种主要类型，第一种是"无中生有"型，即没有任何依据地编造涉恐谣言；第二种就是"借壳上市"型，即利用某类有根据的社会事件尤其是突发公共事件借题发挥编造涉恐谣言。由于后者传递的内容存在一定的真实成分，可谓真假参半，因而对大众更具有迷惑性和接受可能性。"借壳上市"型谣言的生成的主要原理可以用前文提到的奥尔波特谣言公式中的模糊

---

[1] [美]布丽奇特·L·娜克丝：《反恐原理：恐怖主义、反恐与国家安全战略》，陈庆、郭刚毅译，社会科学文献出版社、金城出版社2015年版，第360页。

[2] 参见林华："网络谣言治理的政府机制：法律界限与权利约束"，载《财经法学》2019年第3期。

[3] 参见陈联俊："虚拟社会中的制度失范与治理路径——基于社会管理的视角"，载《首都师范大学学报（社会科学版）》2013年第1期。

性变量来解释。政府在突发公共事件中主要信源角色缺位,会导致各类谣言在信息黑市中兜售。美国哈佛大学教授桑斯坦提出了风险判断的可得性启发理论,换言之,人们对风险的认知可能会受到近期经历的影响。近年恐怖主义在全球的肆虐,人们很容易将任何突发事件与风险与之联系起来,谣言随之产生。因此,要避免突发公共事件成为恐怖主义利用的"壳",成为涉恐网络谣言"宿主",就要避免官方"信息黑洞"的产生,官方的及时、准确、正式发声是关键所在。政府在突发公共事件信息公开方面不积极、不到位,原因之一是信息公开责任制度缺位。法律对于突发事件信息公开的内容、时效和方式等缺乏规定,同时对于不及时公开或公开信息不到位的情形没有明确的追责机制。根据目前的政治问责机制,对于地方政府领导而言,事故的处理结果可能比处理过程要重要。如果公开信息可能带来不可预料的不利后果,或者事件本身是政府失职引发,那么有些地方政府可能会选择不公开突发公共事件信息,寄希望于"内部处理"。在反恐领域中,政府如果长期坚持信息不公开透明的策略,将愈加强化恐怖主义的神秘感,从而引发信息饥渴以及公众对于恐怖主义的恐慌,公众愈加容易被恐怖谣言所俘获。而政府的有意掩盖或者公开虚假信息的行为则会使政府失信,久而久之会强化人们的获得性启发,更加愿意相信恐怖谣言而非政府辟谣。

四、涉恐网络谣言治理路径的完善

根据涉恐网络谣言的生成机理,结合其法律治理方面的不足,笔者建议从以下几方面完善我国当前对于涉恐网络谣言的法律治理策略。

(一)形成与网络社会兼容的法律规范体系并推动法治理念转型

其一,网络环境下的法律语言亟需更新。《网络诽谤解释》中关于网络寻衅滋事的规定之所以引起学界的争议,原因就在于将"网络空间"简单地与现实社会的"公共场所"划等号,将"网络不当言论"简单与"起哄闹事行为"划等号。套用现实社会立法语言对网络行为进行类推规制,说明法律理论界和实务界对网络现象的研究很不深,了解很不够,反映在立法上就是网络立法的质量和水平无法满足规训网络行为的需要。法律界需要在加强研究的基础上更新网络立法术语,形成适用于网络社会的法理原则和法律逻辑,并通过更新立法或者司法解释的方式使网络与现实社会得以兼容。

其二,形成与双层空间相适应的法律适用逻辑和观念。应当将网络空间的特殊性纳入到法律适用考量,而非局限于传统的现实空间考量。以涉恐网络谣言为例,行为可能出于不同的目的,有些是受大众认知心理因素的影响而无意识传播,有些则出于猎奇心理故意扰乱社会秩序,还有些则是出于宣扬恐怖主义,制造社会恐慌的心态等;客观行为方面,是编造还是传播,编造但未传播,编造后被他人恶意加工传播,以及编造后被曲解而传播等;危害后果方面,是仅仅影响网络舆论,造成了网络空间的恐慌,还是已超出网络边界危害到了现实社会,在现实危害程度无法估计的情况下,如何运用网络危害性指标(如点击量、转发量、留言内容)进行判定。以上都是认定涉恐网络谣言和设定处罚标准时需要考虑的问题。在深入理解网络社会的基础上,更新法律推理思维、灵活运用法律解释技巧、协调传统法益和新型法益,才能更好地实现司法的公平和正义。

(二) 完善网络恐怖主义监管策略,打破恐怖主义的网络粘性

恐怖主义之所以将网络视为其最佳的行动空间,主要原因在于相较于现实空间,网络空间的匿名性、超时空性、去中心化以及低成本性极大地便利了恐怖活动的实施,增加了政府对恐怖活动的监管难度。要应对这一现状,就应当针对网络的上述特性加以限制,并完善监管策略,改变政府主导的监管模式。

1. 网络实名制

网络实名可以限制网络松绑效应,规范人们在网络空间的行为,

要求人们对其行为负责。客观方面，这一做法便于对涉恐网络谣言的源头进行追索；主观方面，则会对一部分位居边缘的无意助推者形成心理上的督促，要求其尽到一定的注意和审查义务，对信息流瀑和心理强化等形成一定的缓冲乃至阻断。《中华人民共和国网络安全法》以法律形式明确了"网络实名制"。在该法实施之前，我国实际已经采用"前台自愿、后台实名"的实名制模式。尽管有学者指出，网络实名制有可能对言论自由和隐私权造成侵害。从目前的情况看，加强网络监管是世界各国的基本导向，在我国推行"网络实名制"已然是一个不可逆的进程。网络实名制与《反恐怖主义法》第21条"电信、互联网、金融、住宿、长途客运、机动车租赁等业务经营者、服务提供者，应当对客户身份进行查验……"的规定有效衔接，将对涉恐网络谣言起到重要的抑制作用。但是，需要认真总结网络实名制先行国家（如韩国）的经验教训，采取切实法律措施和技术手段避免出现网络运营商和个人规避实名（冒名等级、虚假登记和不登记）的行为，提高并细化泄漏、出售和非法获取网络个人信息行为的处罚标准，使网络实名制真正实现其积极的作用。

2. 强化政府监管责任的同时，结构性嵌入社会力量

在网络监管领域，当前法律授权政府多部门监管，"多龙治海"导致的结果必然是主体责任不明确。应当从立法层面明确政策机构、协调机构、监测预警机构和执行机构的分工，使其各司其职，相互协调衔接，从而达到强化政府部门的监管职责的目的。提供网络服务的运营商掌握海量的网络信息和数据，相对于政府其在直接监管方面具有更多便利。因此，《反恐怖主义法》第84条和《中华人民共和国网络安全法》第47条、第68条均强调了网络运营商对其用户发布信息的管理责任。根据上述规定，因网络运营商监管不力，造成含有恐怖主义、极端主义内容的信息传播的，将追究其责任。网络运营商通过信息发布审核机制可以筛查一部分有害信息，防止

第六章 警察与网络空间安全：涉恐怖主义网络谣言的法律治理

其在网上流通，与此同时，根据公安部《信息安全技术 互联网交互式服务安全保护要求》（GA 1277-2015）的规定，互联网交互式服务提供者应落实7×24小时信息巡查制度，通过动态管理及时发现虚假信息予以删除。尽管如此，由于网络空间的开放性、参与主体的广泛性以及网络信息的海量容纳与更新，网络运营商的监管责任与营利性质之间存在着无法缓和的矛盾，故仅仅依赖运营商的监管也是完全不够的。因此，在网络恐怖主义信息监管中应当改变政府主导的传统模式，结构性嵌入社会公众力量。一方面，在法律上建立有效的网上涉恐谣言、信息举报机制，线索举报人保密、保护机制等，激发公众的参与意愿，从监管的"精英主义"走向"全民参与"。[1]这既能有效缓解官方科层架构产生的人力不足、反应迟缓问题，实现福柯意义上的"全景敞视主义"控制，又能对群众进行反恐怖教育，认识到网络恐怖信息的危害性，提高对恐怖信息和涉恐谣言的辨识能力，减少网上传播行为。另一方面，借助第三方辟谣平台，及时对涉恐网络谣言进行抓取和辟谣。以微信为例，其引入了第三方辟谣机构，用户投诉的谣言将会推送到辟谣第三方，由第三方进行评定并撰写辟谣文章。用户在朋友圈里再看到相同谣言文章时，文章会被打上"谣言"标签，并在原文中插入辟谣机构的科普结论和科普文章。[2]而第三方辟谣仅仅依靠市场机制是不充分的，立法应当授权政府通过制度性奖励机制或者购买第三方服务等方式，支持第三方辟谣机构和服务。需要注意的是，在法律价值上，自由、隐私与安全之间存在天然的张力，[3]在健全监管规定的同时，也必须处理好网络监管行为在上述价值间的权衡、协调问题。

---

[1] 参见郭永良："论我国反恐模式的转型——从精英模式到参与模式"，载《法学家》2016年第2期。

[2] 参见"微信平台引入第三方辟谣机构 发力网络谣言治理"，载http://media.people.com.cn/n1/2016/0518/c40606-28358488.html，最后访问时间：2020年11月5日。

[3] 参见化国宇："法国反恐情报机制研究"，载《情报杂志》2017年第9期。

(三) 以软法引导公众认知，规约个体情绪化行为

谣言以在公众中传播为前提。炮制的涉恐虚假信息如果不能实现在公众中广泛传播，那么其危害性将大大降低，也就不会成为谣言。因此，传播环节的阻滞对防治涉恐网络谣言依然十分重要。然而对所有中间传播者进行处罚明显是不恰当的，一方面，绝大部分中间传播者并没有主观违法性，对其进行处罚明显打击面过宽且依据不足，而且这种事后处置依旧无法弥补涉恐网络谣言对公众情绪和心理造成的创伤；另一方面，过分强调法律的威慑和制裁，将压制网络空间中公民个体的积极性和创造力，削弱虚拟社会活力，诱发"寒蝉效应"。因此，在法律强制性无法发挥作用的领域，应当强调软规则、软权力的影响力，而非刚性规则和权力的控制力。软法又称"自我规制""志愿规制""合作规制""准规制"，既包含公众道德、伦理和法治观念等内心约束，也包括现实社会中不以国家硬强制力来保证实施的但能够产生实效的准法律规范。[1] 通过个人、组织的自我约束和相互约束以及舆论约束和利益机制来规范人们行为的软法的运用，将成为遏制涉恐网络谣言的利器。

1. 通过反恐法治宣传和教育提升公民反恐主体意识

恐怖信息和涉恐谣言中的暴力因素和恐怖渲染，会激发潜在的犯罪群体，产生模仿心理；而恐怖事件在空间因素与对象因素的平凡性特点，极易让民众产生"我也可能成为事件受害者"的联想，[2] 引发社会恐慌。很多涉恐谣言的传播者之所以会传播谣言，就在于其对于恐怖信息和谣言的危害性没有清晰的认知。这与我国长期坚持反恐精英主义路线，对反恐活动过度保密，加之对公众知情权缺乏尊重，导致反恐神秘化有重要关系。公众对恐怖主义缺乏了解，一

---

[1] 参见罗豪才、宋功德："认真对待软法——公域软法的一般理论及其中国实践"，载《中国法学》2006年第2期。

[2] 参见赵桂芬、赵国玲："论暴力恐怖事件发生后社会心理氛围的调控"，载《山东警察学院学报》2014年第5期。

方面无法融入政府的反恐战略,形成全民反恐的合力;另一方面也引起了公众对恐怖主义的好奇,产生对某种意义上的"信息饥渴"。与此同时,恐怖主义十分重视利用网络空间进行宣传,而政府却在这一方面颇显迟缓。当然这并非我国特有的问题,即便反恐大国美国在应对 ISIS 时,也有学者感叹其"太过迟钝,正在输掉这场与 ISIS 的媒体宣传战"。[1]针对恐怖主义的网络谣言行为,政府要充分运用领网主权,抢占反恐舆论的宣传先机,及时安抚网民的恐慌情绪。同时,由于绝大部分涉恐谣言的传播者都属于非恶意传播,以此为前提,通过反恐法治宣传教育,增强公众对恐怖主义、极端思想危害性的认知,了解网络传播涉恐谣言的不正当性和违法性,能够有效建立网络言论的规则意识和道德准则,从而形成对涉恐网络谣言传播过程的软约束。

2. 完善指引性和激励性的软法规范,激发公民自觉性和积极性

指引类和激励类软法,是通过肯定性和激励性评价而非国家强制力来强化公众的正面行为,以期达到目标。如公安部《公民防范恐怖袭击手册》,就属于指引性软法,为公民提升反恐自觉观念起到了很好的引导示范作用。目前该手册仅仅涉及对传统暴力性恐怖主义的应对,建议应当进一步纳入网络恐怖主义的防范内容,引导公民加深对网络宣扬恐怖主义、招募恐怖分子、非法传播恐怖信息、谣言等网络恐怖主义行为的认知,并为公民提供相应的识别、举报和防范指引。同样,作为激励类软法,有些地区制定了举报涉恐涉暴线索的奖励办法,但是多数都将其奖励范围限制在对传统暴力恐怖活动的举报。与此同时,奖励标准过低、认定标准模糊(如"以公安机关采纳认定"这类主观性极强的标准而无客观标准)、奖励

---

[1] See J. Harman, "America Is Losing the Digital War against the Islamic State", The Washington Post, 2015-7-17, https://www.washingtonpost.com/opinions/combating-a-digital-caliphate/2015/07/17/1045d716-2bf5-11e5-a250-42bd812efc09_story.html, 2020-8-10.

条件苛刻（如要求必须实名举报、设定奖金领取期限等），也是阻碍此类软法发挥作用的因素。对于上述两类软法，应当加以研究并充实，使其能够充分激发公民自觉性和积极性，对涉恐网络谣言产生有效阻断。

3. 鼓励公众自发的和第三方的自律规范

当前，全国性的公众和互联网行业自律规范主要由中国互联网协会制定和发布。其中，能够对涉恐网络谣言产生规制作用的有《文明上网自律公约》《中国互联网协会抵制网络谣言倡议书》《中国互联网行业自律公约》等。除了存在制定主体单一的问题之外，这几类软法不可避免地还存在其他结构性缺陷，应从以下几方面进行改进。首先，过于强调管理和规制，疏于教育和劝导，应当增加引导性、劝说性内容，强化道德和伦理责任，避免复刻、照搬法律法规；其次，内容上含混不清，缺乏适当的解释说明，应当适当增加篇幅进行必要的解释说明，并优化语词、逻辑方面的准确性，减少模棱两可的表达；最后，针对缺乏实施机制，且实施过程不可见、不透明的问题，应当完善相关软法的实施报告、交流和评价制度。总之，上述问题可以通过自律规范制定的程序正当化、软法实践情况公开以及提高公众参与程度来解决。[1]

4. 强化网络运营方的自治规范

由于网络运营商需要承担行政法上的第三方义务，同时与软法相对应的硬法存在制度资源供给不足的问题，网络运营商会按照合理程序制定为网络社区共同体所公认和遵循的自治规范，以维护网络社区的正常秩序。比如腾讯公司《微信公众平台运营规范》《微信朋友圈使用规范》《微博社区公约（施行）》等。此类自治规范既对国家法进行了细化，又可以设置高于国家法的标准，因此在网络空间中扮演着"最高标准"的角色。通过与网络运营方的联合，

---

[1] 参见罗豪才、宋功德："认真对待软法——公域软法的一般理论及其中国实践"，载《中国法学》2006年第2期。

对涉恐谣言传播行为"删帖""禁言""封号"的标准进行更为细致的规定,可以弥补硬法规制涉恐网络谣言的不足。当然,由于第三方自治规范提供的救济机制门槛更低、方式更灵活、公开性更强、协商空间更大,同时对其错漏还可以诉诸硬法救济,[1]勿需过度担心其侵害网络言论自由的可能性。

(四) 完善突发公共事件信息公开问责机制,避免官方"信息黑洞"

前文中已论证,突发公共事件信息的模糊化是涉恐网络谣言的重要诱因。能否及时、全面、准确地向公众公开突发公共事件信息,对遏制涉恐网络谣言传播起到关键的作用。虽然《中华人民共和国突发事件应对法》(以下简称《突发事件应对法》)第 53 条、《中华人民共和国政府信息公开条例》(以下简称《政府信息公开条例》)第 10 条均对突发公共事件的应对作出了规定,但是规定过于简单,其在实际运作中容易遇阻。

政府不在第一时间公开真实信息,就使得真相输在了与谣言赛跑的起跑线上。按照首因效应原理,公众的思考最容易受到先输入的信息影响,一旦公众接受了谣言信息,政府再进行辟谣的难度就比较大。有学者通过建模仿真研究后指出,初始权威信息发布者的权威性对谣言的控制效果有明显的影响,并且权威信息发布的时间点越早越好,是否能在第一时间发布权威信息比花较长时间用来决策什么部门来发布相关的权威信息更有意义。[2]而谣言传播开始后一旦超过某个时间节点,即使政府出面辟谣,作用也微乎其微,其结果就是陷入"越描越黑"的塔西佗陷阱。2016 年 11 月国务院办公厅印发的《〈关于全面推进政务公开工作的意见〉实施细则》是

---

〔1〕 参见秦前红、李少文:"网络公共空间治理的法治原理",载《现代法学》2014 年第 6 期。

〔2〕 参见宋之杰等:"权威信息发布对突发事件微博谣言传播的影响研究",载《情报杂志》2016 年第 12 期。

对这一现象的回应。细则规定，对涉及特别重大、重大突发事件的政务舆情，要快速反应，最迟要在5小时内发布权威信息，在24小时内举行新闻发布会，并根据工作进展情况，持续发布权威信息，有关地方和部门主要负责人要带头主动发声。尽管这一新规可能有效减少突发公共事件中权威信息反应迟缓的问题，但是法律法规在突发公共事件信息公开方面对政府缺乏问责机制，是导致公开效果不彰的重要原因。

首先，转变行政问责的"结果主义"导向，不能仅仅以突发公共事件本身的发生和结果作为问责的唯一依据，要综合考虑政府和部门在整个事件的应对程序上是否尽职（如预警、处置和信息公开程序是否严格遵循法律规定），是否有效阻止危害扩大，是否避免了其他系统性风险（如谣言扩散）等，从简单的政治上的结果问责转变为法律上的"结果-程序"问责；其次，应完善立法中关于突发公共事件信息公开的法律责任规定，对于信息公开的时间、程序、方式、范围作出详细、明确规定，并对没有严格按照规定进行公开的行为分别按照不同情形设置明确、精准的行政责任和法律责任；最后，引入有效的司法审查机制，让突发公共事件政府信息公开行为接受司法审查，将其纳入正在试点的行政公益诉讼的范围[1]，给突发公共事件信息公开制度装上牙齿。

（原载《公安学研究》2020年第6期）

---

[1] 2015年7月全国人大常委会授权吉林省等13个省份的检察机关开展提起公益诉讼试点。参见《全国人民代表大会常务委员会关于授权最高人民检察院在部分地区开展公益诉讼试点工作的决定》（2015年7月1日第十二届全国人民代表大会常务委员会第十五次会议通过）。

第七章 警察法治与社会治理

一、冤案是怎样铸成的
——《迟到的正义——影响中国司法的十大冤案》介评

英国哲学家培根曾言，一次不公正的审判比十次犯罪为祸尤甚，犯罪触犯了法律，仅是污染了水流，而不公正的审判则毁坏法律，污染了水源。不公正审判造成的冤案，将会给向司法主张权利的人们的法感情以致命的打击，必须最大程度地避免。然而，从古代窦娥冤狱到当代佘祥林、赵作海案上演"亡者归来"的惊天逆转，冤案从未淡出过司法的历史。因此，深刻剖析冤案形成的机理就成为摆在法学家和司法机关眼前的难题。

冤案是如何铸成的呢？一部分原因是司法腐败。司法人员腐化堕落、徇私枉法、权钱交易是司法腐败的根源，司法人员故意歪曲法律事实的恶意是冤案产生的主要原因之一。而另一部分原因则可归结为司法错误。简言之，司法错误就是法律的解释、实施和执行过程中出现的各种失误。就广义上的司法错误而言，司法腐败也可被包容在内，人为故意制造的错判也是司法错误。司法错误的形成机理既有司法人员的主观因素，即人性的弱点，也有司法程序缺漏的客观因素。

如何杜绝冤案？从人性弱点入手是一种思路。法学界关于人性弱点在司法错误中的发生机制的研究已不少，但是人性并不能采取一定措施就会变得完美。自古希腊时起,人类就踏上了寻找没有人性弱点的"哲学王"的旅程,哲学王应当是在智慧和道德上全知全能的人。不仅倡导"哲学王之治"的柏拉图本人在晚年转而求诸法治,纵观世界法律发展史也从未出现哲学王。其原因在于人性弱点是一定历史条件的产物,其存在是客观的不以人的意志为转移的,因此,要在司法过程中完全排除人性弱点这一因素是很难做到的。司法人员的素养是一个逐步提高的过程,需要经过一定的历史阶段,不可能一蹴而就。即便未来形成了极高素质的司法职业群体,也不可能从根本上完全杜绝人性弱点。因而,在当前阶段,应当在承认人性弱点存在的前提下,从程序着手寻求最大程度避免冤案的方法。即更多地从客观的司法程序层面寻找突破口。

美国著名法学家、综合法理学代表人物博登海默曾言:"法律是一个带有许多大厅、房间、凹角、拐角的大厦,在同一时间里想用一盏探照灯照亮每一间房间、凹角和拐角是极为困难的。"[1]应当说,基于维护司法权威和尊重保障人权的立场,对造成司法错误的程序性问题进行研究是避免法律大厦里存在幽暗的一盏明灯。而中国人民大学法学院何家弘教授主编的《迟到的正义——影响中国司法的十大冤案》一书则为这盏明灯提供了重要的能源。何家弘教授同时一直关注和研究司法错误和冤案问题,自2005年年底就为此成立了课题组,通过论坛、座谈、研讨会和问卷等多种形式,对我国如何构建错案预防体系和救济机制进行了深入的探讨。司法错误或者说冤案的形成不能简单归结为执法人员和司法人员个人的问题,而是刑事司法制度的问题。制度存在漏洞和弊端,错判才一次又一次被复制。[2]

---

〔1〕[美]E.博登海默:《法理学:法律哲学与法律方法》,邓正来译,中国政法大学出版社2004年版,第217页。

〔2〕参见何家弘主编:《迟到的正义——影响中国司法的十大冤案》,中国法制出版社2014年版,前言。

第七章 警察法治与社会治理

何家弘教授于美国西北大学获得博士学位，是知名法学教授，证据调查学领域首屈一指的专家，与此同时，他还是国际犯罪文学作家协会会员，一位不折不扣的侦探小说家。他的侦探小说被翻译为法文、意大利文、西班牙文和英文，有的还曾登上法国畅销书的排行榜。《迟到的正义——影响中国司法的十大悬案》一书读起来既像是一部法学专著，又像一部冤案故事集，其中选取了具有典型意义的"滕兴善案""杜培武案""佘祥林案""赵作海案"等十大冤案，对每个案件始末都进行了故事性叙述，而故事中又随处都有司法理念的身影逡巡。本书通过一个个真实的案例，深入浅出地分析了刑事司法程序中存在的问题和漏洞。因此，这本书并非曲高和寡的阳春白雪，而是同时面向学者和大众读者的一本佳作。阅读这本书仿佛看到司法的原则、理念像一条小河，穿过山冈，越过浅滩，潺潺流向大海，无疑让人受益匪浅。

何家弘教授在书中总结了造成冤案的十大刑事司法误区，包括由供到证的侦查模式、违背规律的限期破案、先入为主的片面取证、科学证据的不当解读、屡禁不止的刑讯逼供、放弃原则的遵从民意、徒有虚名的相互制约、形同虚设的法庭审判、骑虎难下的超期羁押和证据不足的疑罪从轻。这一总结不仅具有学术意义，而且兼具实践价值，对于这些误区的认识，将有助于司法机关在办案过程中检视司法程序。

而之所以会出现这些误区，与当前"案卷笔录中心主义"的刑事审判方式也不无关系。基于这一审判方式，侦查机关以制作案卷、获取笔录为目的展开侦查，公诉机关通过宣读案卷笔录来引导法庭调查过程，法庭审判则以对案卷笔录的考察和审核作为其中心任务，如此一来，就极易踏入谬误的雷区。侦查机关为获取看似漂亮严密的案卷和笔录，极易采取由供到证的倒序侦查模式，先入为主地对犯罪嫌疑人进行有罪推定，通过刑讯逼供、超期羁押获取口供，意图顺藤摸瓜圆满其他证据，在此过程中往往容易忽视或故意无视对嫌疑人有利的证据材料和供述，断章取义，而照此思路的侦查进行到这一阶段，已是难以回头，即便发现案件疑点，为免于追责，侦查人员也容易将错就错。接下来，公诉机关获得的案卷笔录也主要来自侦查机关制作的原始案卷材料，尽管会有调查核实的程序，但是由于没有参与侦查过程，很难发现其中存在的问题。因此检察机关对侦查阶段的取证行为几乎起不到应有的制约作用。到了审判阶段，由于法院对案件事实的认定主要来源于案卷笔录，因此一方面，对案卷仅能进行形式审核而无法进行实质鉴定，刑事诉讼法规定的公、检、法机关相互制约流于形式；而另一方面，由于程序中强化了案卷笔录的重要性，作为刑事诉讼程序核心的庭审举证和质证的功能遭到严重弱化，很多判决不是法官根据庭审情况，而是通过庭审之前或之后对案卷的审查作出的。

因此，要避免司法错误和冤假错案，除了完善司法程序，还不得不对现行的案卷中心主义的裁判模式进行反思。

笔者写作此文时，正逢"呼格吉勒图冤案"得以再审的消息传来。若这一死刑案件的再审结果推翻原来的判决，就与湖南滕兴善"杀人碎尸"案中被告人滕兴善被错误执行死刑如出一辙。[1]将再一次印证美国大法官休尼特的那句名言："正义从来不会缺席，只会迟到。"然而死刑冤案同时也诠释了另一句法谚："迟到的正义便不是正义。"人的生命有且只有一次，正义的翩然来迟已然无法弥补逝去的生命，亡者不会归来。

正是由于死刑案件中的司法错误具有不可扭转的特征，这将死刑冤案与其他冤案区分开来。一方面法院无法保证执行的每一个死刑案件都是绝对正确的；而另一方面对死刑的废除问题在国内仍存有很大争议。因此何家弘教授在书中也主张在短期内废除死刑无法

---

[1] 本文写作于2014年12月3日。2014年11月20日，呼格吉勒图案进入再审程序，12月15日，内蒙古自治区高级人民法院对原审被告人呼格吉勒图再审宣告无罪。

获得民众普遍支持的前提下，应"严格限制死刑的适用，少用和慎用死刑，这应当是中国死刑制度顺应国际人道主义潮流的基本趋势"[1]。笔者就此联想到，西方除了手持宝剑和天平的正义女神形象外，还有一种手持典籍，将骷髅头骨置于典籍之上的形象，典籍载法，而骷髅则意味着人的生命的脆弱性。这意在提醒世人，珍视人的生命权利应是法的基本精神。

以上种种议论，归结起来无非是，尽管人们希望不犯错误或者少犯错误，而人非圣贤，即便在司法领域，错误亦在所难免，永恒正义的理想与现实之间始终存在着辩证矛盾。法学家、执法者和司法者所能做的，便是在法治进步的浪潮中推动正义无限地接近永恒。这也是何家弘教授写作本书的意旨所在。

（原载《法制日报》2014 年 12 月 7 日，第 12 版）

二、论反恐立法的系统构建

《中共中央关于全面推进依法治国若干重大问题的决定》指出："贯彻落实总体国家安全观，加快国家安全法治建设，抓紧出台反恐怖等一批急需法律，推进公共安全法治化，构建国家安全法律制度体系。"其中，"加快"和"抓紧"等表述意味着以反恐怖法为代表的国家安全法律制度体系被决策者赋予了立法的优先性。

作为对《中共中央关于全面推进依法治国若干重大问题的决定》的落实和回应，2015 年 12 月 27 日第十二届全国人民代表大会常务委员会第十八次会议审议通过了《反恐怖主义法》，并于 2016 年 1 月 1 日正式开始施行。然而，反恐基本法的出台并不意味着反恐立法任务已经完成。近年法国连续发生的暴力恐怖袭击事件直指其反恐法律体系存在的漏洞，表明了反恐法律体系的细化和完善对

---

[1] 何家弘主编：《迟到的正义——影响中国十大冤案》，中国法制出版社 2014 年版，第 22 页。

于反恐工作具有极端重要性。这也给我国当前的反恐工作带来警示：恐怖主义已成为我们当前面临的"最严峻和急迫的安全挑战"（习近平总书记语），应把反恐放在更突出位置，尽快补齐反恐法律体系的短板。作为反恐立法的后发国家，应以反恐基本法的出台为契机，趁热打铁，快马加鞭，尽快构建起"以反恐基本法为主导，诸法配合"的中国反恐法律体系。

（一）中央层面应尽快制定反恐法实施细则和司法解释

《反恐怖主义法》对反恐怖过程中的安全防范、情报信息、调查、应对处置、国际合作乃至保障措施都作了全面规定。但是作为一部反恐基本法，其规定仍然是相对原则的。反恐执法和司法活动仍然需要具有可操作性的规则。

一方面，可以由国务院颁布行政法规，制定更有操作性的"反恐主义法实施条例"，另一方面，主要负责实施反恐的部门如公安部、国家安全部也应以规章形式对自己的反恐职权、职责进行细化，制定本部门的实施细则。尤其是在恐怖主义组织和人员的认定、情报信息搜集和调查程序以及应对处置程序等方面，应当有严格而且详细的规定，尽量减少自由裁量的空间，以避免对公民合法权益的侵犯。

例如《反恐怖主义法》第45条第1款规定："公安机关、国家安全机关、军事机关在其职责范围内，因反恐怖主义情报信息工作的需要，根据国家有关规定，经过严格的批准手续，可以采取技术侦察措施。"该规定实际上将《刑事诉讼法》中有权使用"技术侦查措施"的主体，从公安机关和检察院，延伸到了国家安全机关和军事机关，虽规定了需"经过严格的批准手续"，却没有明确指出"严格的批准手续"是指什么，也没明确技术侦查措施的批准机关、启动标准、监督措施等，极易造成技术侦查措施的滥用。

此外，承担涉恐案件审判工作任务的人民法院，对于《反恐怖主义法》中的一些原则性规定也必然会产生不同的理解，不可避免地会出现"同案不同判"的情况。

由于目前《反恐怖主义法》刚颁布不久，加之恐怖主义活动存在偶发性，各级法院审判中尚未出现适用的难题，但是可预见到，一旦出现复杂案件，《反恐怖主义法》的原则性可能会导致一方面，赋予法官过大的自由裁量权，从而出现类似案件的判决差异过大；另一方面，由于缺乏实施细则而不知如何适用，法官为避免误用会援引旧的法律规范而避免适用新的《反恐怖主义法》。

为了避免上述问题，最高人民法院和最高人民检察院也应当及时总结各地司法实践，并结合立法者意图和基本法理，出台关于适用反恐怖主义法的司法解释。

（二）地方应依据反恐法制定符合本地情况的反恐地方性法规和规章

在《反恐怖主义法》出台之前，各地方普遍没有专门针对恐怖主义作系统规定的地方性法规和地方政府规章，涉及反恐的规定往往是分散在不同的地方性法规或政府规章之中。比如青海省在《实施〈中华人民共和国未成年人保护法〉办法》第20条作了禁止向未成年传播恐怖报刊、图书和音像制品的规定，在《青海省出版物发行管理条例》第15条第1项禁止发行、征订、储存、运输、邮寄、投递、散发、附送宣扬恐怖主义的违禁出版物。此类规定一方面较为分散，另一方面也不成体系。

还有个别地方往往以"其他规范性文件"的形式对此作出规定。"其他规范性文件"是在《中华人民共和国立法法》中未作规定但在立法实践中长期存在的一种准法律形式，它本身不属于法律，不是正式的法律渊源，但对于其所面向的政府部门又有普遍的行为约束力，通常以"通知""意见"等名义发布。比如，《河北省建设厅关于加强全省建设系统反恐怖工作的意见》《河南省发展和改革委员会关于进一步加强反恐怖工作的通知》《嘉峪关市人民政府关于印发嘉峪关市重特大刑事案件及较大规模恐怖袭击事件应急预案的通知》即属于此类。

此类规范性文件内容往往较粗糙、简单，也不像地方性法规需经过周密的专家论证和民主讨论；缺乏系统性、权威性，在司法实践中一般也不能作为审判依据，而仅仅只能作为参考，其法律效力等级是较低的。因此，在应对恐怖主义方面各地方政府仍然缺乏充分的法律依据。

此次《反恐怖主义法》的公布，也为地方启动反恐地方性法规和规章制定带来了契机。新疆维吾尔自治区在反恐方面已经积累了比较成熟的经验，因此在《反恐怖主义法》公布后，及时制定了《新疆维吾尔自治区实施〈中华人民共和国反恐怖主义法〉办法》，该办法已于2016年8月1日施行。新疆维吾尔自治区以外，其他有立法权的地方人大和地方政府也应当积极研究《反恐怖主义法》，并结合本地的反恐实践需要，据此制定出适合本地、具有可操作性的地方性反恐法规和规章。

（三）在实施过程中及时增补与国内其他反恐规定、国际反恐条约衔接的规则

《反恐怖主义法》是一部综合立法，是对反恐怖主义工作的全面、系统规定，因而该法既对以往的法律空白进行了填补，也对已经存在法律规制的领域进行了重新立法。这就不可避免地与旧的立法规定发生重复交叉。

一类是与专门的反恐规定的交叉。《刑法》《刑事诉讼法》《中华人民共和国反洗钱法》《中华人民共和国国家安全法》《全国人民代表大会常务委员会关于加强反恐怖工作有关问题的决定》《中华人民共和国核两用品及相关技术出口管制条例》等法律法规中有对反恐怖主义的直接专门规定。

另一类是与虽未明确规定反恐怖主义任务，但实际上承担着反恐职能的法律规定的交叉。此类法律法规十分广泛，涉及出入境、金融、电信、住宿、运输、物流等诸多行业或领域，承担着恐怖主

义的预防、处置、制裁、恢复的实际职能，如《治安管理处罚法》《中华人民共和国出境入境管理法》《中华人民共和国铁路法》《中华人民共和国邮政法》《中华人民共和国枪支管理法》《突发事件应对法》等。

对于如何与上述法律法规进行协调和衔接，维护反恐法律体系内部的和谐，使之形成反恐合力，《反恐怖主义法》在制定过程中虽有考量，但是并没有也不可能就衔接作出全面规定。

比如，《反恐怖主义法》第45条赋予了军事机关因反恐需要可采取技术侦查措施的权力，但对于其通过侦查获取的恐怖主义犯罪证据如何对接刑事诉讼程序则没有规定，因而在实践中恐难以顺畅对接《刑事诉讼法》。

此外，中国已经加入或批准了13个联合国反恐公约中的12个，并在上海合作组织框架下通过并由各成员国签署、批准了《打击恐怖主义、分裂主义和极端主义上海公约》等法律文件，还与俄罗斯、哈萨克斯坦等国家签署了双边反恐条约。这些国际法文件都具有法律约束力，共同构成了我国法律的国际法渊源。

故在实施《反恐怖主义法》的过程中，必须积极履行相关国际条约确立的反恐国际合作义务。而《反恐怖主义法》第七章仅仅对反恐国际合作作了一些相对原则的规定，并不具有直接的可操作性。因而，在《反恐怖主义法》实施过程中，应当及时总结执法和司法经验，补充相应的衔接规则或单独制定衔接细则以实现与其他反恐立法和国际反恐条约的顺畅衔接。

（四）及时对已经存在的反恐法律法规进行清理、修改以避免冲突

《反恐怖主义法》实施之前，我国的反恐立法带有明显的应急性特征，主要表现为对各种法律的修补，是在缺乏完整的反恐立法规划的情况下零碎、分散的立法，法律间缺乏协调、衔接和联动，彼此合力不够。《反恐怖主义法》的颁布是对反恐实践需要的系统

回应，也是对反恐怖理论的最新总结，因此，其中的很多内容都在一定程度上对以往的反恐规定有所改革和突破。因而必然在很多方面会出现与以往规定不一致的地方。

比如《中华人民共和国邮政法》第75条第1款规定："邮政企业、快递企业不建立或者不执行收件验视制度，或者违反法律、行政法规以及国务院和国务院有关部门关于禁止寄递或者限制寄递物品的规定收寄邮件、快件的，对邮政企业直接负责的主管人员和其他直接责任人员给予处分；对快递企业，邮政管理部门可以责令停业整顿直至吊销其快递业务经营许可证。"而依照《反恐怖主义法》第85条规定，对于存在上述问题的邮政、快递等物流运营单位"由主管部门处十万元以上五十万元以下罚款，并对其直接负责的主管人员和其他直接责任人员处十万元以下罚款"。

因此，对于同一种违法行为出现了两种处罚规定，这无疑会导致执法和司法的混乱。尽管有些法律冲突可以按照后法优于前法、上位法优于下位法以及特别法优于普通法的效力位阶判断原则从法理上作出区分，但是仍然不可避免地会影响到执法的顺畅性和立法的权威性。

因此，《反恐怖主义法》制定并不意味着反恐立法任务的完成，后续的立法工作仍然十分繁重，需要及时对已经存在的反恐法律法规进行清理、修改以避免不同反恐立法间的抵触和冲突。

（原载《学习时报》2016年8月25日第A4版）

三、新时代法治公安建设

——锻造具有法治使命担当的高素质过硬公安铁军

习近平总书记在全国公安工作会议上强调，公平正义是执法司法工作的生命线。公安机关在全面推进依法治国、建设社会主义法治国家中担负着重大职责使命。要着力锻造一支有铁一般的理想信念、铁一般的责任担当、铁一般的过硬本领、铁一般的纪律作风的公安铁军。这一系列要求，赋予公安铁军新的法治使命担当。

推进依法治国、建设社会主义法治国家。以党的十八届四中全会为标志，党和国家开启了全面推进依法治国、加快建设社会主义法治国家的新征程。公安机关是国家重要的行政执法和刑事司法力量，负有维护宪法尊严、保证宪法实施的职责，在全面推进依法治国、建设社会主义法治国家中担负着重大职责使命。公安队伍要满怀激情投入法治中国建设实践，围绕制约全面依法治国的突出问题，紧盯人民群众日益增长的美好生活需要，着力打造法治公安，不断提升公安机关的执法能力和执法公信力，坚定不移地做全面推进依法治国的践行者、推动者、保障者。

维护国家政治安全特别是政权安全、制度安全。覆巢之下，焉有完卵。国家安全，是人民幸福安康的重要保障；国家不安全，最直接的受害者就是广大人民群众。我国宪法旗帜鲜明指出，"中国人民对敌视和破坏我国社会主义制度的国内外的敌对势力和敌对分子，必须进行斗争"。从《中华人民共和国反间谍法》《中华人民共和国国家安全法》到《中华人民共和国刑法修正案（九）》再到《反恐怖主义法》和《中华人民共和国国家情报法》，近年来我国法律关于国家政权安全的规定也更加完备。依法维护国家安全是全面依法治国的应有之义，国家安全法治成为中国特色社会主义法治体系的重要组成部分。公安机关是人民民主专政的重要工具，是党和人民的"刀把子"，应坚定维护宪法法律的权威和尊严，坚决捍卫以政权安全、制度安全为核心的国家政治安全，坚决维护国家安全和社会大局持续稳定，履行好党和人民赋予的新时代职责使命。

保证社会和谐稳定，实现公平正义。社会和谐是中国特色社会主义的本质属性，是我们党不懈追求的社会理想。习近平总书记曾指出：和谐社会本质上是法治社会。进入新时代，必须始终牢记和谐稳定是根本大局的道理，将社会和谐稳定贯穿于建设社会主义法治国家的进程之中。社会要和谐稳定,平安具有极端重要性。平安是老百姓解决温饱后的第一需求,是极重要的民生,也是最基本的发展环境。公安机关在驶向平安的航程中,应当发挥主力军的作用全力护航,努力建设更高水平的平安中国。现阶段我国社会利益矛盾错综复杂,公安机关处在化解社会矛盾的第一线,群众对于公安工作的要求和期待很高,要妥善处理社会矛盾。公安机关应及时深入了解群众实际生活情况和群众的真实诉求,始终坚持执法公正的价值取向,做到铁面无私、秉公执法,不枉不纵,努力让人民群众在每一起案件办理、每一件事情处理中都能感受到公平正义。

新时代的法治使命担当对公安工作提出了新的要求,锻造这样一支法治公安铁军,必须从以下几方面着力。

一是坚持党对公安工作的绝对领导。抓好科学理论武装,教育引导全警学深悟透习近平新时代中国特色社会主义思想,增强"四个意识"、坚定"四个自信"、做到"两个维护",始终在思想上政治上行动上同党中央保持高度一致。教育全警牢固树立正确的世界观、人生观、价值观,矢志不渝做中国特色社会主义事业的建设者、捍卫者。

二是培养全警法治思维与法治方式。法治思维着眼于思想,法治方式着眼于行动。法治思维决定和支配法治方式,具备了法治思维,就会主动运用法治方式认识和解决问题。要不断提升运用法治思维、法治方式深化改革、推动发展、化解矛盾、维护稳定的能力。要让法治成为全警思维和行为习惯。

三是深化公安执法规范化建设。深化公安执法规范化建设,在整个公安工作中居于全局性、基础性地位。要坚持以严格规范公正文明执法为生命线,坚持不懈推进执法规范化建设,围绕执法实践中遇到的新情况新问题,完善执法标准、执法细则和实战指引,确保案件办理能够符合审判要求,经受住法律和历史的检验。

四是加大执法培训力度,切实提高执法能力。将公安民警的入警培训、执法专业训练、晋升培训及知识更新与发展培训进一步规范化、体系化，使培训全面对接实战、全面融入实战，让公安民警理解掌握制定制度规范的初衷和具体要求，知道怎么做，为什么这么做，提高制度执行的自觉性。提升法律政策运用能力，解决培训与实战脱节的问题，确保公安民警依法有效履行职责。

五是强化执法监督，进一步严格责任追究。坚持问题导向，开展执法质量检查，把全警遵法、守法、用法情况纳入绩效考核，严格落实民警办案终身负责制，建立完善严格的执法过错责任追究制。同时要探索建立民警依法履职免责制度，坚决维护公安民警执法权益，维护法律尊严和权威。

六是加大公安执法的宣传力度，弘扬法治精神。只有通过向当事人和全社会充分展示公安执法严格的执法程序、规范的执法行为和公正的执法结果，才能让社会公众更好地理解、认同公安执法活动，创造和谐执法的良好氛围，才能让人民群众满意，不断提升公安执法的公信力。推动在全社会形成办事依法、遇事找法、解决问题用法、化解矛盾靠法的良好法治环境。

（原载《法制日报》2020年2月7日第5版）

四、完善人民警察标志体系助推人民警察荣誉制度法治化

2020年8月26日上午，中国人民警察警旗授旗仪式在人民大会堂举行。中共中央总书记、国家主席、中央军委主席习近平向中国人民警察队伍授旗并致训词。确立中国人民警察警旗，是进一步健全完善人民警察荣誉制度和标志体系的重要举措，对于深入推进人民警察队伍革命化、正规化、专业化、职业化建设，激励人民警察忠实履行党和人民赋予的新时代使命任务具有重要意义。

警旗样式所蕴含的象征意义，反映了人民警察的荣誉、责任和使命，使得人民警察的形象内容更加完善和鲜明。中国人民警察警旗旗面由红蓝两色组成，红色为主色调，长方形，警徽居旗帜左上角。红色体现党对人民警察队伍的绝对领导、全面领导,彰显人民警察队伍绝对忠诚、绝对纯洁、绝对可靠的政治本色;蓝色凸显人民警察的职业特征,代表人民警察对平安的守护。正如习近平总书记在全国公安工作会议上的重要讲话指出,和平时期,公安队伍是牺牲最多、奉献最大的一支队伍。对这支特殊的队伍,要给予特殊的关爱,政治上的关心、工作上的支持、待遇上的保障,全面落实从优待警措施。习近平总书记给人民警察队伍授旗,体现了党和国家对人民警察队伍的高度重视,是对我国警察职业的牺牲奉献的极大肯定和赞许,警旗确立和授旗仪式必将进一步激发人民警察的职业荣誉感、自豪感、归属感。

　　从历史上看,最早的旗帜起源于古代战争,作为战场识别的标志,古希腊和古罗马的古籍中都有使用军旗的记载。除了识别敌我的功能,旗帜还有其他的作用。古代将帅出战,身后或身旁会树起帅旗,称为"大纛",这是全军士气的汇聚点,对战役胜负至关重要,旗不倒,则将士力量无穷。同时,旗帜还有号令的作用,它可以在战争中指引进攻的方向。宋代程大昌所著《演繁露·牙旗牙门旗鼓》记载:"《黄帝出军》曰:'有所征伐,作五采牙幢。青牙旗引住东,赤牙旗引住南,白牙旗引住西,黑牙旗引住北,黄牙旗引住中。'"[1]因此,旗帜作为军事、政治的重要符号载体流传千年,承载了讯传、鼓舞、指挥和指引的象征功能。因而警旗具有其他人民警察标志所不具备的独特性。习近平总书记向人民警察队伍授旗并致训词,提出"对党忠诚、服务人民、执法公正、纪律严明"的明确要求,将进一步提高人民警察队伍的凝聚力、向心力、战斗力,为其忠实履行新时代使命任务指明前进方向。

　　授予警旗是确定人民警察节之后,完善人民警察标志的又一重要举措。由此,警服、警徽、入警誓词、警歌、警察节和警旗一道

---

〔1〕 (宋)程大昌撰:《中国古典名著百部·演繁露》,远方出版社2001年版,第16页。

构成了人民警察完整的符号象征体系。人民警察标志的完善是现代警察职业正规化、专业化和职业化的重要环节，对内有助于增强人民警察职业共同体的凝聚力，对外则更加彰显人民警察执法权威，有利于推进执法规范化建设。

随着人民警察标志体系的不断完善，需要加快其法治化进程。我国相关法律法规已经对警察标志作了规定。2016年12月1日向社会公开征求意见的《人民警察法》（修订草案稿）在警旗确定之前就早有考虑，在附则部分第107条规定了人民警察警旗、警徽、警歌由国务院公安部门制定。公安部于2000年和2001年分别颁布了《人民警察警徽使用管理规定》和《人民警察制式服装及其标志管理规定》，2017年又印发《公安机关人民警察荣誉仪式规范（试行）》已经将警徽、警服、警歌的使用纳入到法治化的轨道。相应地，在警旗确定后，其使用也将由法律文件予以明确。一方面涉及既有法规如《公安机关人民警察荣誉仪式规范（试行）》的补充修改，另一方面则是警旗管理的专门法规的制定。此前已有媒体报道，公安部正在会同有关部门研究制定警旗管理的相关规定，根据有关法律法规文件，结合人民警察机关实际，将对警旗的式样规格、授予、请领、制作和保管以及警旗管理的法律责任等内容作出具体规范和要求。

良法还需善治，人民警察标志的依法依规使用意义重大。人民警察标志将贯穿各类人民警察荣誉仪式的全过程，是警察荣誉制度的重要组成部分。在仪式中使用统一、规范的人民警察标志，更有利于强化仪式的氛围，更能够感染现场并将精神激励传递给场外的人，让人民警察和普通民众成为仪式共同体的一员，进而为释放仪式内涵、凝聚政治能量提供保障。因此，人民警察标志必须依法依规、按照特定的规格和仪式场合使用，保证人民警察标志使用的专门性和严肃性，避免其权威性的减损，对于非法使用、错误使用和随意滥用行为予以规制。同时，对于故意损毁、侮辱人民警察标志的行为也应依法予以惩戒。

此外，2017年中共中央印发的《关于新形势下加强政法队伍建设的意见》指出，要把司法行政职业荣誉制度纳入国家荣誉制度体系，广泛开展尊崇职业荣誉教育，健全入职晋级授衔宣誓制度，增强广大干警的职业荣誉感和归属感。警察荣誉制度作为国家荣誉制度体系的重要组成部分，在立法时应当注意两者的协调一致关系，前者的立法不能违反后者的立法，后者在制定新的法律文件时也需要注意对前者的统摄。

（原载《法治日报》2020年9月25日第5版）

五、政府如何破解突发公共事件谣言

政府是突发公共事件信息的主要信源。这是由于《突发事件应对法》《反恐怖主义法》《中华人民共和国传染病防治法》《突发公共卫生事件应急条例》等法律法规授权政府统一发布有关突发事件事态发展和应急处置工作的信息，并对新闻媒体和个人未经授权发布公共事件信息作出了限制性乃至禁止性规定。

政府在突发公共事件中主要信源角色缺位，会导致各类突发公共事件谣言在信息黑市中兜售。此时，为了避免谣言引发的涟漪效应，政府通常采取的应对措施就是辟谣。然而，纵观近年来有些地方政府的辟谣行动，经常收效不大，甚至引发了公众的更多质疑。政府作为突发公共事件谣言传播的主要阻击者，辟谣的做法本身没有问题，问题出在对辟谣的理解上。

第一，辟谣有及时性的要求。辟谣的时间节点不是政府任意选择的。按照首因效应原理，公众的思考最容易受到先输入的信息影响，一旦公众接受了谣言信息，政府再进行辟谣的难度就比较大。突发公共事件一旦出现，就意味着政府发声要与谣言传播赛跑。人民网舆情监测室基于当下媒体环境提出了"黄金4小时"原则。"黄金4小时"指的是新闻发布的及时性，政府要第一时间发声，政府要第一时间处理问题，做突发事件的"第一定义者"。而在谣言出现后,应当尽可能地及时反应,拖延和遮掩只会增加公众的疑虑。

第二,辟谣有信任性的要求。官方辟谣并不是在所有场合下都具有权威性与可信度。从心理学上讲,人们倾向于根据某种信息容易在心里联想起来的程度来判断事物发生的可能性,这被称为获得性启发。例如,在比较飞机和火车的安全性时,公众大多会认为火车更安全,原因在于飞机失事后各种媒体均会作为重要消息进行报道,人们很容易联想到飞机事故的例子。如果政府长期以来信息公开不到位,或者习惯于在风险事件发生之后采取"捂盖子"的做法,就算是官方辟谣也很难取得公众信赖,人们容易根据获得性启发而做出不信任判断。同样,在新型冠状病毒肺炎疫情中公众为什么选择相信钟南山,也是因为人们受到获得性启发,联想到了2003年非典疫情中钟院士对于疫情的准确判断和无畏担当。地方政府在突发公共事件信息公开问题上应当有准确、详细的预案,有对信息公开不及时、不到位的问责机制,避免地方部门的公信力、权威性逐渐流失,出现"辟谣就是确证谣言""说什么人们都不信"的"塔西佗陷阱"。

第三,辟谣有科学性的要求。有人认为,要纠正错误的谣言,只需要发布真实信息辟谣,让人们置于均衡的信息环境中甚至封堵谣言让真实信息传播取得优势,即可让真相取代谬误。这可能只是一种想当然。公众的先入为主、固有偏见以及情绪化等因素,都有可能让传播真相的努力付诸东流。有影响力的谣言之所以能够产生流瀑效应,像滚雪球一样有越来越多的追随者,很关键的原因在于谣言所承载的内容是超出大多数公众的知识理解或信息获取能力的。因此,辟谣仅仅具有真实性要素很难充分发挥其作用,科学性要素也是必须具备的。换言之,政府不仅应该让公众知其然,还要告知其所以然。很多谣言本身其实并不高明,政府如果能够发布对谣言更科学、更细致的回应,在更大范围内对涉及的相关信息进行公开,相信能达到理想的辟谣的效果。对于涉及生化、病毒等具体专业领域的公共突发事件谣言,政府也可以组建官方专家团队来发声。

第四,辟谣有责任心的要求。随着法治政府建设的深入,政府信息公开经历了从被动到主动,从"自选动作"到"规定动作"的转变。政府的辟谣行动同样也应当越来越制度化和精细化。辟谣应当被视为政府责任,而不是额外负担,体现着政府对待公众知情权和自身公信力的责任心。突发公共事件谣言产生后,有的地方政府看似在积极辟谣,但对谣言的回应只是简单否定,不做解释,在态度上敷衍了事,走形式、走过场,一辟了事。如此辟谣,将会引发更多的公众质疑。谣言问题的早期研究者卡普费雷就曾指出,谣言是一种社会抗议,是一种反权威、反权力的存在。政府的权威在公共事件谣言面前是要打折扣的,事实上很多公共事件的谣言本身就是针对政府和公权力的。高高在上和官僚主义的回应反而可能会进一步扩大谣言的影响力和社会危害性。政府在回应这类谣言的时候,必须以负责任的态度,针对谣言本身做有针对性的、实在的、坦诚的回应。在辟谣之后,还应及时和快速追踪媒体和公众的反应,对偏差和不良反应及时纠正并作进一步的回应。在辟谣方式上,可以根据谣言自身的特点采取多元化的举措,一般而言,采用图片和视频方式会比单纯的文字有效,而及时召开允许媒体和公众介入的新闻发布会也比政府单方回应更有效。对于质疑政府自身公信力的谣言,政府也可以适时引入专家、媒体和其他第三方的监督。

总之,破解突发公共事件谣言,政府不能有止于智者的懒政思维,也不能过度依赖互联网公司或媒体等民间辟谣平台。政府作为全面掌握突发公共事件信息的一方,是第一责任人。在缺乏政府权威信源的情况下,即便最后谣言被澄清,新的谣言又会甚嚣尘上。一次次无休止地造谣与辟谣过程中,消耗掉的将是公众对公共事件的爱心、公心和耐心。

(原载《法制日报》2020年2月7日第5版)

六、完善问责机制遏制突发公共事件谣言

从来源的角度分析，谣言有两种主要类型，第一种是"无中生有"型，即没有任何依据地凭空编造谣言，这类谣言由于没有任何现实的依据，传播过程中因无法引起谣言接收者继续传播的兴趣或者容易被识破而遭到阻断，传播范围极为有限；第二种就是"借壳上市"型，即利用某类有根据的热点社会事件借题发挥编造谣言，这类谣言传递的内容存在一定的真实成分，可谓真假参半，因而对大众更具有迷惑性和接受可能性。突发公共事件就属于谣言最为偏爱的热点社会事件之一。之所以突发公共事件经常会伴生谣言，可以用美国学者奥尔波特和波斯特曼提出的谣言传播公式来解释，即"谣言的流通量＝事件的重要性×事件的模糊性"。对公众而言，突发公共事件是他们极为关心的，重要性自不必说。在公众辨识能力一定时期内相对稳定的前提下，谣言的传播范围和破坏力，就主要取决于另一个因素，事件本身是否足够清晰透明。

无论是从《突发事件应对法》《中华人民共和国传染病防治法》《政府信息公开条例》等法律法规的规定，还是从此次应对新冠肺炎疫情的实践来看，政府都是突发公共事件信息的主要来源。政府在突发公共事件中主要信源角色缺位，会导致各类谣言在"信息黑市"中兜售。因此，要避免突发公共事件成为各类谣言利用的"壳"和"宿主"，就要避免官方"信息黑洞"的产生，官方的及时、准确、正式发声是关键所在。

主管部门在突发公共事件信息公开方面不积极、不到位，其中一个重要原因是信息公开责任制度缺位。《突发事件应对法》第53条和《政府信息公开条例》第10条均对突发公共事件信息的发布作出了规定，但是相对粗疏，这容易造成其在实际运作中的卡壳。尤其是对于突发事件信息公开的主体、层级、内容、时效和方式等缺乏详细规定，同时对于不及时公开或公开信息不到位的情形没有明确的法律主动追责机制。观之目前突发公共事件中的政府问责，多属于行政问责。事故一旦发生,对于地方政府和主管部门负责人而言,事故处理结果可能要比处理过程更重要。如果公开信息可能带来不可预料的不利后果,或者事件本身是相关主管部门失职引发,那么主管部门就有可能选择延迟公开或者不公开突发公共事件信息,寄希望于所谓的"内部处理",以期挽回和消化事故的不利后果和影响。再者,相较于突发事件信息公开缺乏强行性的约束机制,《突发事件应对法》中关于信息报送的规定和《刑法》中"不报、谎报安全事故罪"的规定,让突发公共事件信息上报较信息公开具有了优先性,因此地方主管部门也容易通过层层上报、等待批准授权的程式化运作将决策风险向上转移,从而规避自身信息公开的义务和风险。在这一过程中就贻误了信息公开的最佳时机,为谣言的产生提供了可乘之机。

政府没有选择在第一时间公开真实信息,就使得真相输在了与谣言赛跑的起跑线上。按照首因效应原理,公众的思考最容易受到先输入的信息影响,一旦公众接受了谣言信息,政府再进行辟谣的难度就比较大。有学者通过建模仿真研究后指出,初始权威信息发布者的权威性对谣言的控制效果有明显的影响,并且权威信息发布的时间点越早越好,是否能在第一时间发布权威信息比花较长时间用来决策什么部门来发布相关的权威信息更有意义。而一旦超过某个时间节点,即使政府出面辟谣,作用也微乎其微,还往往容易陷入"越描越黑"的塔西佗陷阱。基于此,2016年11月国务院办公厅印发的《〈关于全面推进政务公开工作的意见〉实施细则》规定:"……对涉及特别重大、重大突发事件的政务舆情,要快速反应,最迟要在5小时内发布权威信息,在24小时内举行新闻发布会,并根据工作进展情况,持续发布权威信息,有关地方和部门主要负责人要带头主动发声……"尽管这一规定可能有效减少突发公共事件中权威信息反应迟缓的问题,但是该规定所规范的对象是"政务舆情"而非"公共突发事件信息",这两者存在很大差别。前者属于

"被动回应"，后者则属于"主动发声"，因此后者的发布需要明确的发布依据，包括信息发布的主体、层级、内容、时效和方式的授权和规范，以及法律责任的规定，由此才能真正克服公共突发事件中"政府失声"的现实困境。

除了完善和细化相关立法规定以外，还要转变行政问责的"结果主义"导向，不能仅仅以突发公共事件本身"是否发生"和"结果严重程度"作为问责的依据。进入风险社会，越来越多的风险事件既不能完全避免，其结果也非完全可控。要综合考虑地方政府和主管部门在整个事件的应对程序上是否尽职（如预警、处置和信息公开程序是否严格遵循），是否有效阻止危害扩大，是否避免了其他系统性风险（如谣言扩散）等，从简单的"唯结果主义"行政问责转变为"程序-结果综合考量"的法律追责。最后，引入有效的司法审查机制也是落实突发公共事件信息公开的重要保证，由于突发事件信息属于非常规政府信息，政府公开与否、公开真实性和程度如何，公民个人难以知晓，公民监督存在很大局限。因此应将突发公共事件信息政府公开行为纳入行政公益诉讼的范围，使其接受检察机关和审判机关的司法审查，从而给突发公共事件信息公开制度装上牙齿。

（原载《法治日报》2021年5月28日第5版）

七、疫情防控高度考验国家认证能力

在疫情全球肆虐之际，中国的疫情防控取得了明显成效。很多国家和国际组织称赞"中国对待疫情的态度和采取的举措令人敬佩""国际社会在这次抗击疫情过程中看到了中国的强大力量"。此次疫情应对，是对国家认证能力的重大考验。

有学者指出，所谓国家认证，是指以中央政府为代表的国家，对境内有关人、财、物、行、事的基本事实的识别和确认，进而建立相应分类、标准和规范的能力，简言之，就是在数据与人或物之间建立一一对应的关系的能力。在疫情应对过程中，国家认证能力发挥作用的场域无处不在。从疫情数据的实时更新，到涉疫人员的个人旅行史和接触史的回溯、确认；从援助物资的统计和归类，到对不同物资按照实际需求和紧迫程度进行精准、有效分发，都是对国家认证能力的考验。

国家认证能力是现代国家的基础性国家能力之一，但其源头可以追溯到国家产生的早期。在传统社会中，认证是非常重要的国家事项。比如古代的保甲制度，就是为实现对人民的管理目的而进行的认证活动。通过这一制度，政府不需要设立数量众多的国家机构就能规管到每个人，而且甲长、保长作为"街头官僚"，在熟人社会中能够认证到辖区内每个人的基本信息，甚至能做到"出则注所往，入则稽所来"的程度，从而保证镇压叛乱、税收、征兵和服劳役等统治阶级目标的实现。在现代国家中，认证能力更为重要了。只不过国家认证的目的不再是监控人民，而是实现现代国家的治理目标。因而，除了对国家认证的监控功能保持警惕以外，还要关注其更为广泛的治理功能。

一般而言，国与国之间对认证能力的需求是不同的。国家领土面积越大，人口规模越大，认证难度越大。中国社会是拥有超大规模体量的陌生人社会，与韩国、新加坡等国家相比，有效实现国家治理目标需要更为强大的认证能力。在此次疫情防控过程中，中国的国家认证能力经受住了考验。

首先是国家对事件的认证能力。现代社会风险频发，面对突然出现的危机事件，政府必须能够做出及时反应。而反应的前提是对风险事件的快速识别和确认。中国政府此次能够对疫情做出及时反应，主要是基于对新冠病毒本身的性状及疫情发展的态势做出了准确判断和预测。中央及时组建并派出高级别专家组对疫情开展调查，做出了国家层面的权威性认证，这是其他任何机构和组织的认证不可替代的，这也为采取全国性控制措施提供了前提基础。中国及时发现和认证了首批新型冠状病毒感染者,并以前所未有的速度甄别出病原体,第一时间同世界卫生组织和其他国家分享有关病毒基因序列,体现出对风险事件的超强认证能力。

其次是对人的认证能力。在控制疫情过程中,最关键措施就是控制人员流动,并对流动人口进行准确的追踪,以此减少病毒传播风险。在一个超大规模的陌生人社会中,要想实现这种准确认证并加以控制,难度可想而知。中国借助基层群众自治制度的优势,以及近年来在移动网络、人工智能和大数据方面的发展成果,能够全面并且准确地掌握涉疫人员的流向信息。党的集中统一领导制度下强大的动员能力,社会核心价值和民族认同产生的濡化作用,使人民在危急时刻能够服从国家对人员的规管和认证需要,主动提供涉疫个人信息,加持了国家认证能力。

最后是对财和物的认证能力。习近平总书记说:"打疫情防控阻击战,实际上也是打后勤保障战。"疫情防控需要源源不断的巨大物资的投入,对国家的经济实力、科技实力和综合国力是一个巨大考验。雄厚物质技术基础之外,还需要对援助物资信息和需求信息优先级有较为精确的掌握,才能实现供需的有效对接,保证物资得到高效调配和分发。离汉通道关闭后,武汉生活必需品应急保供任务艰巨。需求阶段性增大,物价一度出现较大幅度上涨。通过统筹资源,及时调配,这一问题很快得到了解决。防疫物资、医疗资源的供给和分配策略,都需要建立在准确掌握数据的基础之上。

疫情的成功应对,证明了我国在国家认证能力方面具有其他国家不可比拟的优势,同时也为进一步提升国家认证能力提供了有益的经验。

一是国家认证的规范性、整合性和精细化程度需要进一步提升。疫情防控过程中,对人的认证需要收集公民个人信息。但是实施过程中存在信息收集主体不规范、收集内容超出防疫必要限度、信息管理和保护制度不健全等问题。这在一定程度上反映出认证的制度化建设不足。另外，个人信息被多方统计、重复统计，不仅增加了认证成本和个人信息暴露风险，也说明认证的整合和共享能力有所欠缺。此次疫情还暴露出我国当前的慈善捐赠体系在捐赠物资认证方面存在的问题，在捐赠物资的接收、统筹和分配上精细化不足，无法对很多细小的需求做出灵活的反应。

二是处理好国家认证、地方政府认证和社会认证之间的关系。中国人民大学欧树军教授认为，就主体而言，认证有国家认证与社会认证两种，前者的主体是以中央政府为代表的国家；后者的主体则为国家以外的各种社会群体。[1]地方政府有可能助推国家认证，也有可能成为其阻力。在此次抗击疫情过程中，各层级的地方政府所展现出来的认证能力参差不齐。国家出台了对医务人员的财政补贴政策，对"一线医务人员"认定标准和防疫补助的计算、发放标准作了明确规定，但一些地方在执行中仍然存在落实不到位的问题。社会认证作为对国家认证的补充和增进，应具有正面意义。但是社会认证往往具有自发性，缺乏规范性。如在疫情防控期间有的企业可以随意收集公民个人信息，物业和业主委员会排查小区内外地租户甚至医务人员并禁止其进入小区等现象的出现就是例证。因而需要注意对社会认证予以合法性规制。

（原载《法制日报》2020年4月10日第5版）

八、运用法治思维和法治方式推进新时代公安信访工作

近日，中共中央、国务院印发了《信访工作条例》（以下简称《条例》），并发出通知，要求各地区各部门认真遵照执行。《条例》自2022年5月1日起开始实施，成为新时代信访工作的基本遵循，其中明确规定信访工作："坚持底线思维、法治思维""将信访纳入

---

[1] 参见欧树军："基础的基础：认证与国家基本制度建设"，载《开放时代》2011年第11期。

法治化轨道,依法维护群众权益、规范信访秩序"。这标志着我国信访工作法治化水平进入了一个新阶段。

公安机关信访工作是党和政府信访工作的重要组成部分。《公安机关信访工作规定》指出:"各级公安机关应当畅通信访渠道,倾听人民群众的意见、建议和投诉请求,接受人民群众的监督,认真做好信访工作,努力为人民群众服务"。《条例》的正式实施,意味着在新的历史阶段,应当更加强调运用法治思维和法治方式推进新时代公安信访工作。具体而言,可以从以下几方面系统展开。

第一,以习近平法治思想为根本指引。治国理政须臾离不开法治,习近平法治思想是全面依法治国的根本遵循和行动指南。习近平总书记指出,党委政法委要带头在宪法法律范围内活动,善于运用法治思维和法治方式领导政法工作,在推进国家治理体系和治理能力现代化中发挥重要作用。[1]公安机关是国家重要的行政执法部门,在建设社会主义法治国家的进程中负有重大的历史责任,公安机关执法活动涉及社会生活的方方面面,公安信访工作与人民群众切身利益息息相关。《条例》明确新时代信访工作"三个重要"的定位,将"坚持党的全面领导""坚持以人民为中心""坚持依法按政策解决问题"等作为信访工作的基本原则,集中体现了习近平法治思想的核心要义,为公安信访工作提供了基本遵循。

第二,以执法规范化推进源头治理。党中央、国务院高度重视公安执法规范化工作。中共中央办公厅、国务院办公厅印发的《关于深化公安执法规范化建设的意见》对深化公安执法规范化建设作出了全面系统的部署。公安部也制定并不断完善公安机关办理行政案件、刑事案件的程序规定及《公安机关执法细则》等执法依据。在实践中,公安信访案件的来源是多方面的,但是其中很大一部分

---

[1] 参见汪永清:《善于运用法治思维和法治方式开展政法工作(深入学习贯彻习近平同志系列重要讲话精神)——深入学习习近平同志关于法治思维和法治方式的重要论述》,载http://politics.people.com.cn/n/2014/0728/c1001-25350693.html。

产生于执法和警务活动之中,执法不规范、程序有瑕疵乃至执法不严、滥用职权是很多公安信访案件的肇因。执法规范化是做好公安信访工作、减少信访案件的第一道防线。应当在执法和警务活动中树立公安信访意识,不断规范和细化执法程序和警务活动流程,及时发现发觉信访隐患,将矛盾纠纷化解在早、化解在小、化解在基层。

第三,以完善信访体制机制法治化为主要抓手。《条例》确立了党领导下的信访工作体制和格局,明确党委、政府、信访工作联席会议、信访部门以及各方力量在信访工作中的定位和职责,明确各类信访事项提出、受理、办理的形式、渠道、程序和方式,将信访体制机制纳入到法治化规范化轨道。《条例》还明确,各级党委和政府信访部门对收到的涉法涉诉信件,应当转送同级政法部门依法处理。各级机关、单位应当按照诉讼与信访分离制度要求,将涉及民事、行政、刑事等诉讼权利救济的信访事项从普通信访体制中分离出来,由有关政法部门依法处理。公安信访工作需要全面准确把握《条例》基本精神和主要内容,进一步完善信访体制机制,明确信访工作职能定位,厘清职责边界,明晰权责清单,完善配套措施,适时修改《公安机关信访工作规定》,推动公安信访工作制度体系法治化建设不断向纵深发展。

第四,以信访事项在法治框架内解决为基本目标。运用法治思维和法治方式解决信访问题,在保障权益、化解矛盾、维护稳定上,具有明晰权责、稳定预期、不留隐患的优势。《条例》根据信访事项性质的不同,区分建议意见类、检举控告类、申诉求决类事项,分别明确了受理办理程序,保证合理合法诉求依照法律规定和程序就能得到合理合法的结果。同时也规定将滋事扰序、缠访闹访纳入法律治理的框架,即"各级机关、单位及其工作人员应当根据各自职责和有关规定,按照诉求合理的解决问题到位、诉求无理的思想教育到位、生活困难的帮扶救助到位、行为违法的依法处理的要求,依法按政策及时就地解决群众合法合理诉求,维护正常信访秩序。"公安信访工作既要研究如何在政策法律框架内妥善解决信访人的合理诉求,也要针对信访人的不合理诉求,维护法治权威性和政策法规的公信力,做好疏导教育工作。切实做到在法治的轨道上、法律的框架内行使公安职权、化解信访矛盾,才能提高公安信访工作法治化水平。

第五,以依法依规落实信访工作责任制为重要保证。2016年10月8日起施行的《信访工作责任制实施办法》为落实各级党政机关及其领导干部、工作人员信访工作责任,推动信访问题及时就地解决提供了法律制度依据。《条例》再次突出强调完善信访工作责任体系,对落实信访工作责任进行专项督查,对责任追究的情形和方式等作出明确规定,强调"党政同责、一岗双责,属地管理、分级负责,谁主管、谁负责"原则,避免了信访制度沦为"稻草人"。公安机关应当将信访工作考评、督察、巡视、问责等责任机制常态化、规范化、制度化,做到履责有依、督责有循、追责有据,真正发挥责任制的倒逼作用,为公安信访工作落到实处提供重要保证。

(原载《法治日报》2022年4月29日第5版)

后　记

　　一般而言，英国内政大臣罗伯特·比尔创建的伦敦大都市警察被认为是现代警察制度的起源，"police"一词也由此诞生。但是马克思主义的警察起源观认为，警察是和国家一样古老的，警察在任何社会制度之下都要发挥作用。在中国传统社会中，执行警察功能的机关一直都存在。警察始终伴随着国家的建立和发展，有其自身的沿革历史，而非仅仅被看作一种舶来品。正是在这种意义上，研究警察问题不仅仅要关注作为具体机关的"警察"，同时也要关注功能意义上的"警察"，即依照法律的强制手段维护社会公共秩序、社会性安全的功能。

　　本书收录了我近年来基于法学视角对警察问题的系列思考。当然，这里的"警察"也是作宽泛理解的，包含了作为机关的警察和作为功能的警察。因此，书中的最后两章，将谣言治理和疫情防控等一些社会治理问题也纳入进来，主要是从功能意义上的警察来考量的。这些发表于不同时期的文章，经过汇编整理，作为一部小书呈现在读者诸君面前。必须说明的是，个别文章写作距今已近十年，时迁事异，探讨的问题本身也已经发生了变化，但是为了能反映当时的思考轨迹，还是保持了文章的原貌。

　　由于本书各章多是从法学视角、运用法学方法对警察问题的研究，我认为本书算是一部警察法学作品，最终决定将其定名为《警察的法理》。警察法学是从法学视角对警察问题开展研究的学科，属于领域法学的范畴，其学科旨趣在于将警察机关、警察行为、警

后 记

察功能等在理论上纳入法学的研究视野,在实践中纳入法治化轨道,服务社会现实需要,而不过度去追求体系完整和逻辑自洽,故从事该领域的研究在视角和方法上并没有一定之规,可能也不具备传统法学学科的绝对分野。正因此在写作过程中我才敢于"跨界"尝试,涉及了法理、法史、行政法乃至刑事法的范围。但囿于个人学力和能力条件,对很多问题的讨论可能仍然存在不足乃至谬误,在此也恳请方家批评指正。

是为后记。

化国宇

2023 年 12 月 19 日于北京木樨地南里 1 号